JN022396

税理士が知っておくべき

中小企業のよ・く・ある

労務トラブル解決事例

弁護士 渡邉 宏毅

弁護士 加藤 佑子

税理士・公認会計士 佐久間 裕幸 [編著]

# はしがき

　本書は、2019年3月に刊行された「税理士も知っておきたい　働き方改革時代の労務トラブル解決事例」に大幅な改訂を加えたものです。

　「税理士も知っておきたい　働き方改革時代の労務トラブル解決事例」は、旬刊『速報税理』の2017年4月21日号から2018年12月11日号までに連載された、「中小企業経営に役立つ会社法務トラブルシューティング」と題する原稿を体系的に整理し、書籍化したものです。連載は、多くの優良中堅・中小企業を含む幅広い顧客を抱える、気鋭の公認会計士・税理士のグループであるTAX-CPA研究会が、労働法に関する実例と疑問点を持ち寄り、これに対して私たちが、弁護士の立場から回答・解説を行うスタイルで進められました。また、各原稿のうち、税務実務との関係が深いものについては、TAX-CPA研究会のメンバーが書き下ろしたコラム「税務からのアプローチ」が加えられました。これにより本書は、労働法務の基礎知識のみならず、税務実務との関連についても豊富な情報を提供するものになったと自負しております。

　幸いにも、初版である「税理士も知っておきたい　働き方改革時代の労務トラブル解決事例」は多くの読者から好評を頂き、2019年3月に第1刷刊行後、2020年9月には第2刷も発行されました。それは一重に、持ち寄られた実例が、公認会計士・税理士が実際の実務において出くわした現実の問題であり、鮮度と汎用性の両面において優れたものばかりであったからだと思われます。

　初版が出版された2019年は、いわゆる「働き方改革」というフレーズが流行していましたが、すでに働き方改革関連法が成立してから5

年が経過し、各社において、その運用も定着してきております。そして、人手不足は一層深刻化し、例えば、本書にも掲載したいわゆる「2024年問題」と言われる問題においては、顕著に見られます。また、初版出版からこれまでの間にも法改正がなされており、本書はそれらを取り込み、現行法へのアップデートを図っております。

　このように労働法をめぐる状況は初版出版のときから変化していますが、労働法自体の重要性についてはいささかも変わりはありません。労働法令の遵守は、法的リスク回避の観点からはもちろんのことですが、企業の長期的な成長の観点、とりわけ人手不足の昨今においては人材の採用・定着を図る上でより重要な意味を持ちます。例えば、残業時間を正確に申告できない企業、パワハラが起きても調査・是正をしてくれない企業には人材が長期的に定着しないでしょう。実際に私たちが企業から相談を受けるケースでも、労務環境を改善する動機が採用のためであることが多くなっているように思います。

　本書が、税務や人事労務に関する実務家、人事労務担当者の方々などのお役に立ち、各企業の労働法令の遵守、労務環境の改善につながることがあれば、望外の喜びです。

　連載から本書の出版に至るまで、株式会社ぎょうせいの皆様には格段のご配慮と多くのサポートを頂きました。厚く御礼申し上げます。

2024年2月吉日

弁護士　渡邉宏毅

弁護士　加藤佑子

# 目　次

## 第1章　労働時間

# 第2章　給与

の支払を依頼されました。会社は、誰に対して、これらを支払ったらよいのでしょうか。子供が成人の場合、又は未成年の場合で元妻の請求の正当性が変わる可能性はあるでしょうか。

# 第3章　人事

# 第4章　ハラスメント

## 第5章　企業秩序・懲戒

# 第6章　有給休暇・労働安全衛生・就業支援

# 第7章　パートタイム労働者等

# 第8章　派遣・請負・委任

# 第9章　外国人労働者

# 第 **1** 章

## 労働時間

　労働時間は、労使双方にとって、最も重要な労働条件の1つです。使用者においては、労働安全衛生や残業代の基礎となる時間外労働時間の把握はもちろん、数年前に普及したいわゆる「働き方改革」、つまり長時間労働を是正し生産性の高い労働環境の改善を実践するためにも、労働時間法制に対する理解が必要です。

　本章では、最も重量な労働条件の1つである労働時間について、いわゆる2024年問題と併せて説明します。

# 1 労働時間の管理

## 質問

　労働時間を管理する場合ですが、タイムカード等で分単位の計算をする以外に、法的に違法にならない把握手法がありますでしょうか。従来、従業員からの日報に書かれた労働時間の申請に依拠しておりました。

　また、残業時間の端数は、15分とか30分単位で切り捨ててよいと聞いていたので、17時の終業時間を10分とか20分過ぎて帰社した場合には、残業申請はしないという慣行でやっておりますが、問題ありませんか？

## 回答

　本件は、労働時間の管理に関するご相談です。

　使用者は、労働者の労働時間を適切に管理する義務を有しています。

　労働時間の管理の方法としては、原則として、使用者による現認、タイムカード、ICカード、パソコン等の客観的な記録を基礎として確認する方法によるのが望ましいです。

　労働者の自己申告制により労働時間を管理することもできますが、この場合、正確性に欠けたりサービス残業が生じる可能性もあります。

　そのため、自己申告により労働時間を管理する場合、使用者は、労働者に労働時間の実態を正しく申告するように説明する、及びパソコンの使用時間等の記録を有している場合にはそれが自己申告による労働時間と合致しているかについて必要に応じて調査し場合によっては労働時間の補正をすること等の措置を講じる必要があります。

　また、使用者は、1日の労働時間を分単位で管理し、この時間に応じた残業代を支払わなければなりません。残業時間の端数を15分とか30分単位で切り捨てて残業代を支払うことは違法となります。

---

## ●●● 解説 ||||||||||||||||||||||||||||||||||||||||||||||||||||||||||||||||||||||||||

### 1 労働時間の管理の義務

　使用者は、労働者の労働時間を適切に管理する義務を有しています。

労働基準法は、労働時間、休日、深夜業等について規定を設けていることから、使用者は、これらの規定を順守するために、労働時間を適正に把握する必要があるからです。

　また、労働時間の管理の義務は、労働安全衛生法により明文化されています[i]。同法によれば、使用者は、健康管理のための面接指導を実施するため、労働契約を締結した全労働者に対して労働時間の状況の把握の義務を負います。

## 2 ┃ 労働時間の管理方法[ii]

　それでは、使用者は、労働者の労働時間をどのような方法で管理すればよいのでしょうか。

　労働安全衛生法によれば、労働時間の状況の把握は「タイムカードによる記録、パーソナルコンピュータ等の電子計算機の使用時間の記録等の客観的な方法その他の適切な方法」でなされるべきとされています[iii]。

　したがいまして、使用者は、タイムカードの記録やパーソナルコンピュータ等の使用時間の記録等の客観的な方法により時間管理をすることが原則となります。

　客観的な方法により労働時間を把握し難い場合においては、労働者の自

---

i　労働安全衛生法66条の8の3「事業者は、第66条の8第1項又は前条第1項の規定による面接指導を実施するため、厚生労働省令で定める方法により、労働者（次条第1項に規定する者を除く。）の労働時間の状況を把握しなければならない。」

ii　労働安全衛生法により健康管理のための労働時間の状況の把握の義務が明文化されましたが、労基法上の労働時間の管理方法については厚生労働省策定の「労働時間の適正な把握のために使用者が講ずべき措置に関するガイドライン」（平成29年1月20日）（以下「新ガイドライン」といいます。）が指針となっています。新ガイドラインによる労基法上の労働時間の把握と労働安全衛生法上の労働時間の把握は理論上は別の制度とされていますが、労働安全衛生法による労働時間の把握の具体的な方法については新ガイドラインが参考とされており、運用上は重なる部分が多いと思われます（西村あさひ法律事務所労働法グループ『働き方改革とこれからの時代の労働法』（商事法務、2018年）48頁）。「2 労働時間の管理方法」では労働安全衛生法上の労働時間の把握について説明しています。

iii　労働安全衛生規則52条の7の3「法第66条の8の3の厚生労働省令で定める方法は、タイムカードによる記録、パーソナルコンピュータ等の電子計算機の使用時間の記録等の客観的な方法その他の適切な方法とする。」

己申告による方法をとることもできますが、厚生労働省の通知によれば、自己申告の方法による場合は、下記の①～⑤の措置を全て講じる必要があるとされています[iv]。

①自己申告制の対象となる労働者に対して、労働時間の状況の実態を正しく記録し、適正に自己申告を行うことなどについて十分な説明を行うこと

②実際に労働時間の状況を管理する者に対して、自己申告制の適正な運用を含め、講ずべき措置について十分な説明を行うこと

③自己申告により把握した労働時間の状況が実際の労働時間の状況と合致しているか否かについて、必要に応じて実態調査を実施し、所要の労働時間の状況の補正をすること

④自己申告した労働時間の状況を超えて事業場内にいる時間又は事業場外において労務を提供し得る状態であった時間について、その理由等を労働者に報告させる場合には、当該報告が適正に行われているかについて確認すること

⑤労働者が自己申告できる労働時間の状況に上限を設け、上限を超える申告を認めないなど、労働者による労働時間の状況の適正な申告を阻害する措置を講じてはならないこと

時間外労働時間の削減のための社内通達や固定残業代等の措置が、労働時間の適正な申告を阻害する要因となっていないかについて確認するとともに、当該阻害要因となっている場合においては、改善のための措置を講ずること

実際には労使協定で定められた時間数を超えて労働しているにもかかわらず、記録上これを守っているようにすることが、実際に労働時間の状況を管理する者や労働者等において、慣習的に行われていないかについても確認すること

---

iv　厚生労働省通知「働き方改革を推進するための関係法律の整備に関する法律による改正後の労働安全衛生法及びじん肺法関係の解釈等について」（平成30年12月28日基発1228第16号）

## 3 | 労働時間の管理の時間単位

　使用者は、労働者の1日の労働時間を分単位で管理する必要があります。

　そのため、時間外労働が発生した場合は、分単位で計算した残業代を支払わなければなりません。使用者が、残業時間の端数を15分とか30分単位で切り捨てた場合は違法となります。

　もちろん、15分や30分単位に切り上げる場合は、労働者の有利になりますので、特に問題はありません。

　また、ご質問には、「17時の終業時間を10分とか20分過ぎて帰社した場合には、残業申請はしないという慣行でやっております」とあります。

　この慣行によると、本来支払われるべき残業代が支払われていないことになりますから、原則として違法となります。

　なお、1か月における時間外労働の時間数の合計に1時間未満の端数がある場合に、30分未満の端数を切り捨て、それ以上を1時間に切り上げることは、常に労働者の不利益と認められるものではなく、事務簡便を目的としたものと認められるため違法ではないとされています（労働省通達昭和63年3月14日基発第150号）。

〔渡邉　宏毅〕

1
労働時間

**質問**

当社は、中小企業ですが、この度、今まで曖昧であった役職の制度を導入し、平社員の他に、主任、係長、課長代理、課長、次長、部長という役職を整備しました。役職手当も支給します。

管理監督者へは、残業代を支払わなくてよいと理解していますが、管理監督者とは一体どの範囲の者をいうのでしょうか。具体的にはどの役職が、あるいは、どのような職務を遂行する者が管理監督者に当たるのでしょうか。

**回答**

管理監督者には、労働基準法（以下「労基法」といいます。）が定める労働時間等の規定が適用除外とされており、時間外労働・休日労働の割増賃金を支払う必要はありません。

実務では、役職者を直ちに管理監督者と扱う例も見受けられます。しかし、管理監督者とは事業経営の管理者的立場にある者又はこれと一体をなす者であり、行政解釈・裁判例いずれの判断基準によっても、管理監督者の範囲は狭く限定されることになります。

会社が法的に管理監督者に当たらない従業員を管理監督者と扱っている場合、当該従業員から未払い賃金請求をされたり、中には労基法の罰則が適用されたりするリスクがあります。

●●● 解説

## 1 管理監督者とは

労基法は、管理監督者に関して労働時間、休憩及び休日に関する規定を適用しないと定めています（労基法41条2号）。管理監督者について労働時間等の規定が適用除外とされているのは、これらの者が事業経営の管理者的立場にある者又はこれと一体をなす者で、労働時間等の規制を超えて

活動しなければならない企業経営上の必要があるためです。

　労基法が定める労働時間等の制限が及ばない管理監督者には、時間外労働・休日労働の割増賃金を支払う必要はありませんが、深夜業（22時から翌5時まで）の割増賃金は支払う必要があります。また、年次有給休暇も一般の労働者と同様に付与する必要があります。さらに、管理監督者も労働法によって保護される労働者ですので、長時間労働等の過重労働によって健康障害を引き起こすことのないよう配慮する必要があります。

## 2 ▎管理監督者の範囲（該当性の判断基準）

### (1)　判断基準について

　行政解釈・裁判例いずれの判断基準によっても、管理監督者の範囲は非常に限定されることになります。前記1のとおり、管理監督者には労基法上の労働時間等の規制（保護）が及びませんので、管理監督者の範囲も、こうした規制になじまない労働者に限られることになるのです。具体的には次のような判断基準が提示されています。

　まず、行政解釈は「労働条件の決定その他労務管理について経営者と一体的な立場にあるものの意であり、名称にとらわれず、実態に則して判断すべき」としています[i]。

　つぎに、裁判例[ii]は、「①職務内容が、少なくともある部門全体の統括的な立場にあること、②部下に対する労務管理上の決定権等につき、一定の裁量権を有しており、部下に対する人事考課、機密事項に接していること、③管理職手当等の特別手当が支給され、待遇において、時間外手当が支給されないことを十分に補っていること、④自己の出退勤について、自ら決定し得る権限があること、以上の要件を満たすことを要する」との具体的判断基準を示しています。

---

i　昭和22年9月13日発基第17号、昭和63年3月14日基発第150号
ii　東京地判平成21年3月9日労判981号21頁など

7

## ⑵　管理監督者性の判断

　実務では、管理職や役職付の労働者を直ちに労基法上の管理監督者と扱う会社も少なくないようです。しかし、前記⑴のとおり、法的に管理監督者と認められる者の範囲は限定的であり、万が一、何らかの紛争が生じて裁判所の判断を仰ぐことになると、多くのケースで管理監督者性が否定される可能性があります。

　実際に、管理監督者と扱われていた労働者の会社に対する、未払い賃金の支払を求める裁判等の中には、管理監督者性を否定する判断をした事例が多数見受けられます。

　管理監督者をめぐる問題は、労働者が会社に対し、未払い賃金を支払うよう求める裁判等で顕在化することが多いと言えます。加えて、管理監督者に関する違法な扱いには、労基法違反として罰則（6か月以下の懲役又は30万円以下の罰金、労基法119条1号）が科されることもあります。

## 3 ┃具体例

　厚生労働省が作成している冊子[iii]が、管理監督者に当てはまるか否かの判断に関する具体的な事例を紹介しています。

　例えば、多店舗展開する小売業、飲食業等の店舗における管理監督者については、管理監督者性を否定する重要な要素として、次のような例を挙げています。

- 店舗に勤務するパートやアルバイトの採用、解雇について実質的権限がないこと
- 労働時間に対する裁量がほとんどないこと、自身の遅刻や早退により減給の制裁や人事考課で負の評価など不利益扱いがされること
- 役職手当等の優遇措置が、実際の労働時間数を勘案した場合に、割増賃金規定が適用除外となることを考慮すると十分でなく、当該労働

---

iii　厚生労働省「労働基準法における管理監督者の範囲の適正化のために」（平成20年9月）

者の保護に欠けるおそれがあること

　上記は冊子記載事項のほんの一例ですが、会社においては、管理監督者の範囲は限定的であることを念頭におきながら、管理監督者と扱うことが妥当か否かについて個別具体的に判断することが求められます。

〔加藤　佑子〕

# ③ 外回りの社員に関する労働時間の管理

## 質問

　労働時間の把握ですが、営業職の社員が外回りをする場合、会社に朝出社しますが、帰りは直帰することもあります。その場合は、社員の自己申告でよいのでしょうか。なお、この自己申告で残業代も払うのでしょうか。

## 回答

　今回は、外回りの社員に関する労働時間の管理に関するご相談です。

　まず、使用者は、労働者の労働時間を適切に管理する義務を有しています。

　労働時間の管理の方法としては、原則として、使用者による現認、又はタイムカード、ICカード、パソコン等の客観的な記録を基礎として確認すべきです。客観的な方法により労働時間を把握できない場合は自己申告制により労働時間を管理することとなります。

　自己申告制による場合は、労働時間の適正な把握のため使用者は労働者に労働時間の実態を正しく申告するように説明する、自己申告による労働時間が実態と合致しているかについて必要に応じて調査し、場合によっては補正をする等の措置を講じる必要があります。

　では、営業職の社員が、いったん事務所に出社した後に外回りをして直帰する場合の労働時間の管理方法はどのようにすればよいでしょうか。直帰した時間については、使用者による現認もできませんし、タイムカードのような客観的な記録をとることも難しいですから、一般的には自己申告により労働時間を管理することができます。

　そして、この場合は、残業代についても、自己申告による労働時間をベースに計算することとなります。

---

## ●●● 解説 ‖‖‖‖‖‖‖‖‖‖‖‖‖‖‖‖‖‖‖‖‖‖‖‖‖‖‖‖‖‖‖‖‖‖‖‖‖‖‖‖‖‖‖‖

### 1 労働時間の管理の義務及び管理方法

　使用者は、労働者の労働時間を適切に管理する義務を有しています。

問題は労働時間の管理の方法ですが、労働安全衛生法[i]や厚生労働省のガイドラインによれば、使用者は、タイムカードや、パーソナルコンピュータ等の記録等の客観的な方法により労働時間の状況の把握をすることが原則とされています。

　客観的な方法ではなく、自己申告の方法による場合は、使用者は労働者に労働時間の実態を正しく申告するように説明する、自己申告による労働時間が実態と合致しているかについて必要に応じて調査し、場合によっては補正をする等の措置を講じる必要があります[ii]（詳しくは本章❶「労働時間の管理」参照）。

## 2 ｜ 外回りの社員に関する労働時間の管理

　ご相談は、営業職の社員が直帰した場合に、社員の自己申告の方法で労働時間を管理してもよいかというものです。

　直帰の場合は、使用者による現認もできませんし、タイムカードのような客観的な記録をとることも難しいですから、一般的には、自己申告により労働時間を管理しても構わないと考えられます。

　この場合の残業代は、もちろん自己申告によって把握された労働時間をベースに計算することとなります。

　厚生労働省の通知[iii]においても、労働時間について、「やむを得ず客観的な方法により把握し難い場合」の例としては、労働者が事業場外において行う業務に直行又は直帰する場合など、事業者の現認を含め、労働時間の状況を客観的に把握する手段がない場合とされています。

---

i　労働安全衛生規則52条の7の3「法第66条の8の3の厚生労働省令で定める方法は、タイムカードによる記録、パーソナルコンピュータ等の電子計算機の使用時間の記録等の客観的な方法その他の適切な方法とする。」

ii　厚生労働省「労働時間の適正な把握のために使用者が講ずべき措置に関するガイドライン」（平成29年1月20日）

iii　厚生労働省通知「働き方改革を推進するための関係法律の整備に関する法律による改正後の労働安全衛生法及びじん肺法関係の解釈等について」（平成30年12月28日基発1228第16号）

したがいまして、ご相談の会社のケースでは、一般的には自己申告により労働時間を把握することとなると思います。もっとも、客観的な方法により外回りの従業員の労働時間の状況を把握できるような場合であれば、客観的な方法で労働時間を管理することが適切と考えられます[iv]。

〔渡邉　宏毅〕

---

[iv]　前記厚労省の通知によれば、「ただし、労働者が事業場外において行う業務に直行又は直帰する場合などにおいても、例えば、事業場外から社内システムにアクセスすることが可能であり、客観的な方法による労働時間の状況を把握できる場合もあるため、直行又は直帰であることのみを理由として、自己申告により労働時間の状況を把握することは、認められない。」とされています。もちろん、事業場外から社内システムにアクセスできるからといって、それが客観的に労働時間の状況を把握できる方法となっていない場合もあると思われます。

# **4** フレックスタイム制の導入と法改正

---

## 質問

　近年、夫婦共働きや、子育てしながらの就労が増えています。このような夫婦にとって働きやすい会社にするためには、フレックスタイム制を導入するのがよいと思いますが、実際の企業に導入するに当たり、制度作りとして、どのような点に気を付けた方がよいのでしょうか。

　また、最近フレックスタイム制についての法改正があったと聞きましたのでこれについても教えてください。

---

## 回答

　今回は、フレックスタイム制に関するご相談です。

　フレックスタイム制とは、労働者が、1か月等の単位期間の中で一定時間数労働することを条件として、各日の出退勤の時間を自己の裁量に委ねることができる制度です。

　フレックスタイム制は、出退勤時間を個別の労働者の裁量に委ねることにより各社員の多様なライフスタイルに沿う労働が期待できる一方で、注意点もあります。

　フレックスタイム制の下では、全社員が職場にそろうのは原則コアタイムだけとなります。そのため、社員どうしが会議等で時間を共有する場合にはその時間帯が原則コアタイムになることから、時間の有効活用の観点、業務の作業効率の点から問題が生じるおそれがあります。また、フレックスタイム制の対象社員の労働時間の管理がずさんになってしまう場合もあるようですので、制度導入の際はこのような点にご留意ください。

　ところで、平成30年の労働基準法の改正により、清算期間が最長1か月から3か月に延長されました。清算期間を3か月とした場合は3か月の中で所定労働時間に達するよう労働時間を調整すればよいので、従来よりも柔軟な働き方が可能となると考えられております。

---

## ●●● 解説 |||||||||||||||||||||||||||||||||||||||||||||||||||||||||||||||||||||||||||

## 1 | フレックスタイム制

　フレックスタイム制とは、労働者が、一定の単位期間（「清算期間」といわれます）の中で一定時間数労働することを条件として、各日の出退勤の時間を自己の裁量に委ねることができる制度です。

　このため、労働者は、清算期間における所定労働時間に達するよう労働時間を調整して働くこととなります。清算期間における法定労働時間の枠を超えれば法定の割増賃金が発生します。

## 2 | フレックスタイム制を導入するための要件

### （1） 就業規則

　フレックスタイム制を導入するには、就業規則に、始業及び終業の時刻を労働者の決定にゆだねることとするという旨の定めを置く必要があります。

### （2） 労使協定

　また、フレックスタイム制を導入するには、労使協定で以下の①～⑥の事項を定める必要があります。

　①　フレックスタイム制をとる労働者の範囲

　全労働者、○○課の労働者、特定の職種の労働者、又は個人ごと、というように特定して労働者の範囲を設定できます。

　②　清算期間

　清算期間とは、その期間を平均し１週間当たりの労働時間が40時間を超えない範囲内において労働させる単位期間のことです。賃金計算期間と合せて１か月とするのが一般的のようですが、１週間やその他の定め方も可能です。

　なお、平成30年の法改正により、清算期間の上限が１か月から３か月に引き上げられました（後記 **4** 参照）。

③　清算期間における総労働時間

　清算期間における総労働時間とは、いわば当該期間の総所定労働時間です。単位期間を通じての総実労働時間がそれに不足する場合は、不足分は欠勤時間として取り扱われ、超過する場合は、超過分は所定外労働時間として取り扱われます[i]。

④　標準となる１日の労働時間

⑤　労働者が労働しなければならない時間帯を定める場合には、その時間帯の開始及び終了の時刻

　フレックスタイム制の対象社員が労働しなければならない時間帯は「コアタイム」と言われます。例えば、午前10時〜午後３時をコアタイムとした場合、対象社員はこの時間帯については労働しなければなりません。

　コアタイムは設定しないこともできます（「スーパーフレックスタイム制」）。

⑥　労働者がその選択により労働することができる時間帯に制限を設ける場合には、その時間帯の開始及び終了の時刻

　労働者がその選択により労働することができる時間帯は「フレキシブルタイム」と言われます。例えば、始業時間を午前７時〜午前10時と定めた場合、労働者はこの時間帯の間で始業時間を選択することとなります。

## 3 ┃ フレックスタイム制を導入するときの注意点

　フレックスタイム制は、出退勤時間を個別の労働者の裁量に委ねることで個別の社員の多様なライフスタイルに沿う労働が期待できる制度ですが、導入の際の注意点もあります。

　まず、フレックスタイム制の下では全社員が職場にそろうのは原則コアタイムだけとなります。そのため、例えば会議等により社員間で時間を共有する場合にはその時間帯をコアタイムに設定せざるを得ないことから、

---

[i]　菅野和夫『労働法　第12版』（弘文堂、2019年）538頁

時間の有効活用や、業務の作業効率の点から問題となる場合があるほか、対象社員側の都合で会社の予定が決まることに社員間で不公平感が生じる可能性もあります。

また、フレックスタイム制の対象社員の時間管理がずさんになってしまう場合もあります。

## 4 清算期間に関する法改正

平成30年の労働基準法の改正により、清算期間が最長1か月から3か月に延長されました（改正労基法32条の3第1項2号）。これまでは、労働者は最長1か月の清算期間の中で所定労働時間に達するよう労働時間を調整していましたが、これが3か月になったことでより柔軟な働き方が可能になると考えられております。

例えば、厚生労働省の資料によれば、「6・7・8月の3か月」の中で労働時間の調整が可能となるため、8月の労働時間を短くすることで、夏休みに子どもと過ごす時間を確保しやすくなる等の活用方法があるとされています[ii]。また、季節的な繁閑にも対応しやすくなるとされています。

ただし、清算期間が1か月を超える場合には下記①②にご留意ください。

①各月で週平均50時間を超えた場合は使用者はその各月で割増賃金を支払う必要があります（改正労基法32条の3第2項）。

②使用者は労使協定を労基署へ届け出る義務があります（改正労基法32条の3第4項）（清算期間が1か月を超えない場合は労使協定の締結義務はあるが届出は不要）。

〔渡邉　宏毅〕

---

ii　厚生労働省「フレックスタイム制のわかりやすい解説＆導入の手引き」（平成31年2月）

# 5 時間外労働に関する法規制

## 質問

　最近の法改正で、1か月の残業時間が100時間を超えてはいけないなど、残業時間の規制が変わったと聞いておりますが、どのような内容でしょうか。また、中小企業にも押しなべて適用されるのでしょうか。

## 回答

　今回は、時間外労働の法規制に関するご相談です。

　2019年施行の労基法改正により、労働時間に関する制度の見直しがありました。

　まず、①時間外労働の上限について、月45時間、年360時間が原則とされました。臨時的な特別な事情がある場合にはこの原則についての例外が認められますが、この場合でも1年の時間外労働時間の上限は720時間を超えないこと、1か月の時間外労働（休日労働時間含む）は100時間未満であること、時間外労働が45時間を超える月数は年6か月以内であること、複数月の平均時間外労働時間（休日労働時間含む）が80時間を超えないこと等が規定されました。

　その他に、②月60時間を超える時間外労働に係る割増賃金率（50％以上）について中小企業への猶予措置が廃止されており、2023年4月1日から施行されています。

## ●●● 解説

### 1 労働時間の原則と時間外労働

　労基法では、労働者に、原則として、1週40時間、1日8時間を超えて労働させてはならないと定めています（労基法32条）。

　もっとも、使用者は、労使契約を締結して、かつ就業規則等の契約上の根拠を設けることにより、労働者に時間外労働をさせることができます。

　この点につき、以前は、時間外労働について、厚労省の限度基準告示に

よる上限は設けられていたものの、罰則がある法的な規制までは設けられていませんでしたので、法的には三六協定で定めれば、時間外労働の上限はいかようにも設定できました。2019年施行の改正労基法により、労働時間の上限規制が設けられました。

## 2 ┃ 時間外労働の上限

### (1) 時間外労働の上限（原則）

改正労基法では、時間外労働の上限が定められ、原則、月45時間、年360時間とされております（改正労働基準法（以下「同法」という。）36条4項）。会社は労働者に時間外労働をさせる場合はこの範囲内で労使協定を締結することとなります。

### (2) 臨時的な特別な事情

もっとも、臨時的な特別な事情がある場合には時間外労働の上限に例外が設けられています。ただし、この場合でも、①〜④の制限があります。

① 1年の時間外労働時間の上限は720時間を超えないこと（同法36条5項）

② 時間外労働が45時間を超える月数は年6か月以内であること（同法36条5項）

③ 1か月の時間外労働（休日労働時間を含む。）は100時間未満であること（同法36条6項2号）

④ 対象期間の月と直近の1か月、2か月、3か月、4か月、5か月のいずれかの月平均時間外労働時間（休日労働時間を含む。）が80時間を超えないこと（同法36条6項3号）

④の制限によれば、例えば、ある月に90時間の時間外労働があった場合、その翌月の時間外労働は70時間を超えることができません（2か月の平均が80時間を超えてはならないから）。同様に、ある月90時間、翌月70時間の時間外労働があれば、翌々月の時間外労働は80時間を超えることができません（3か月の平均が80時間を超えてはならないから）。

会社は、臨時的な特別な事情の具体例について、労使協定を締結して労基署に届けることで、時間外労働の上限規制の例外が認められます。

　臨時的な特別な事情について、法律上は、「当該事業場における通常予見することのできない業務量の大幅な増加等に伴い臨時的に第三項の限度時間を超えて労働させる必要がある場合」と定めています（同法36条5項）。

　この点につきまして、厚生労働省の通知[i]によれば、「「通常予見することのできない業務量の大幅な増加等に伴い臨時的に第三項の限度時間を超えて労働させる必要がある場合」とは、全体として1年の半分を超えない一定の限られた時期において一時的・突発的に業務量が増える状況等により限度時間を超えて労働させる必要がある場合をいうものであり、「通常予見することのできない業務量の増加」とは、こうした状況の一つの例として規定されたものである」とされています。

　さらに、同通知によれば、「その上で、具体的にどのような場合を協定するかについては、労使当事者が事業又は業務の態様等に即して自主的に協議し、可能な限り具体的に定める必要がある」とされています。

　問題は、労使協定でどの程度具体的に定めればよいかですが、「予算・決算業務」、「ボーナス商戦に伴う業務の繁忙」、「突発的な仕様変更」、「製品トラブル」、「大規模なクレームへの対応」、または「機械トラブルへの対応」であれば、臨時的な特別な事情として具体性があると考えられています。一方で、「業務上必要なとき」や「業務上やむを得ないとき」などは具体性を欠き恒常的な長時間労働を招くおそれがあるため、臨時的な特別な事情として認められないと考えられています。[ii]

## ⑶ **罰則**

　この時間外労働の上限規制に違反した場合については罰則も設けられて

---

i　厚生労働省「働き方改革を推進するための関係法律の整備に関する法律による改正後の労働基準法関係の解釈について」（平成30年12月28日基発1228第15号）

ii　厚生労働省「時間外労働の上限規制分かりやすい解説」

おります（同法119条）。

## 3 ┃ 月60時間を超える時間外労働の割増率

　月60時間を超える時間外労働に係る割増賃金率（50％以上）について、中小企業への猶予措置が設けられておりましたが、この猶予措置は2023年4月1日に廃止されております。

〔渡邉　宏毅〕

# 6 いわゆる2024年問題について

**質問**

2024年4月から、これまで時間外労働の上限規制の適用が猶予されていた事業・業務についても上限規制が適用されるため、「2024年問題」として社会経済活動への影響が懸念されています。具体的にどのような事業・業務が対象なのか、また、それらの事業・業務に適用される上限規制はどのような内容なのでしょうか。

**回答**

時間外労働の上限規制は、既に2019年4月（中小企業は2020年4月）から適用されていますが、建設事業、自動車運転業務、医師、鹿児島県及び沖縄県における砂糖製造業については適用が猶予されていました。これらの事業・業務にもいよいよ2024年4月から、上限規制が適用されます。

ただし、建設事業、自動車運転業務、医師には、時間外労働の上限規制全てが適用されるのではなく、特例付きでの適用となります。以下では、主に、特例付きで適用される事業・業務の上限規制の概要をご説明いたします。

●●● 解説 ||||||||||||||||||||||||||||||||||||||||||||||||||||||||

## 1 時間外労働の上限規制と適用猶予事業・業務

働き方改革の一環として労基法が改正され、2019年4月（中小企業は2020年4月）から時間外労働の上限規制が適用されています。改正前は、時間外労働の上限規制はなく、三六協定で定めれば、時間外労働の時間数を自由に設定することができましたので、この改正が実務に与えた影響は大きいと考えられます。

1

労働時間

《時間外労働の上限規制》

> 労基法は、時間外労働の上限について、原則、月45時間、年360時間と定めています（限度時間、労基法36条4項）。そして、臨時的な特別の事情が認められる場合には例外が認められますが（労基法36条5項）、このような場合であっても次の制限が設けられています。
>
> ①　1年の時間外労働時間の上限は720時間を超えないこと（労基法36条5項）
>
> ②　時間外労働が45時間を超える月数は年6か月以内とすること（労基法36条5項）
>
> ③　1か月の時間外労働及び休日労働の合計時間は100時間未満とすること（労基法36条6項2号）
>
> ④　対象期間の月と直近の1か月、2か月、3か月、4か月、5か月のいずれかの時間外労働及び休日労働の1か月当たりの平均時間が80時間を超えないこと（労基法36条6項3号）

　こうした時間外労働の上限規制が、次の事業・業務については、長時間労働の背景に事業・業務の特殊性等があることから、適用が5年間猶予されていました。

- 工作物の建設の事業
- 自動車運転の業務
- 医業に従事する医師
- 鹿児島県及び沖縄県における砂糖製造業

　猶予期間が終了する2024年4月以降、上記事業・業務のうち鹿児島県及び沖縄県における砂糖製造業では、時間外労働の上限規制が全て適用されますが、他の事業・業務では一部特例つきで適用されることになります。以下では、特例付きで適用される事業・業務の上限規制の概要について解説いたします。

## 2 | 建設の事業について

　建設の事業には、2024年4月から時間外労働の上限規制が適用されることになります。

　ただし、建設事業のうち、災害時における復旧及び復興の事業に限り、前記1の《時間外労働の上限規制》のうち次の規定は適用されません（労基法139条）。

---

③　1か月の時間外労働及び休日労働の合計時間は100時間未満とすること（労基法36条6項2号）

④　対象期間の月と直近の1か月、2か月、3か月、4か月、5か月のいずれかの時間外労働及び休日労働の1か月当たりの平均時間が80時間を超えないこと（労基法36条6項3号）

---

　また、労基法33条1項の「災害その他避けることのできない事由によって、臨時の必要がある場合」には、労働基準監督署長の許可申請等をすることにより、三六協定で定める限度とは別に時間外労働・休日労働を行わせることができます。労基法33条1項が適用される労働時間については、同法36条及び139条の規制はかからず、時間外労働の上限規制の適用から除外されます。

## 3 自動車運転業務について

　自動車運転業務について、2024年4月から時間外労働の上限規制が適用されます。ただし、臨時的な特別の事情が認められる場合の1年の時間外労働時間の上限（前記1の《時間外労働の上限規制》①）は、720時間ではなく960時間とされ、《時間外労働の上限規制》のうち下記は適用されません（労基法140条）。

---

②　時間外労働が45時間を超える月数は年6か月以内とすること（労基法36条5項）

③　1か月の時間外労働及び休日労働の合計時間は100時間未満とすること（労基法36条6項2号）

④　対象期間の月と直近の1か月、2か月、3か月、4か月、5か月のいずれかの時間外労働及び休日労働の1か月当たりの平均時間が80時間を超えないこと（労基法36条6項3号）

---

　また、自動車運転業務に従事する労働者については、労基法上の時間外労働の上限規制とは別に、運転時間や勤務間インターバルについて定めた「自動車運転者の労働時間等の改善のための基準」（改善基準告示）も遵守しなければなりません。改善基準告示も2024年4月1日から改められます。

　例えば物流を担うトラック運転者について、改善基準告示が定める拘束時間等主な事項に関する原則的な時間数は下記のとおりです。

| 拘束時間 | 1年：3300時間以内　　1か月：284時間以内<br>1日：13時間以内（上限15時間、14時間超は週2回までが目安） |
|---|---|
| 休息期間 | 1日当たり継続11時間以上を基本とし9時間を下回らない |
| 運転時間 | 2日平均1日：9時間以内　　2週平均1週：44時間以内 |
| 連続運転時間 | 4時間以内 |

　改善基準告示は、トラック運転者のほか、タクシー・ハイヤー運転者及びバス運転者についてもそれぞれ同様の事項を定めています。このよう

に、自動車運転業務については、労基法上の労働時間に関する規制だけでなく、拘束時間や休息時間等に関する告示も遵守できるよう、運行計画や勤怠管理を行う必要があります。

## 4 医師の上限規制について

　医業に従事する医師には、2024年4月以降、時間外労働の上限規制が適用されます。医業に従事する医師のうち、病院等で診療を行う勤務医（特定医師）[i] は、医師の上限規制の対象となります（労基法141条1項）。なお、特定医師でない医業に従事する医師は、一般労働者の上記時間外労働の上限規制が適用されることになります。

　医師の上限規制における、臨時的な特別の事情が認められる場合の時間外・休日労働時間の上限は、下記のとおり医療機関の水準によって異なります。A水準以外の医療機関は、都道府県による特例水準医療機関の指定を受ける必要があります。

|  |  | 時間外・休日労働<br>時間の上限 |
|---|---|---|
| A水準 | 全ての勤務医に対して原則的に適用される | 月100時間未満／<br>年960時間 |
| 連携B水準 | 地域医療の確保のため、本務以外の副業・兼業として派遣される際に適用される | 月100時間未満／<br>年1860時間<br>（各院では960時間） |
| B水準 | 救急医療や高度な癌治療など、地域医療の確保のため、自院内で長時間労働が必要な場合に適用される | 月100時間未満／<br>年1860時間 |
| C-1水準 | 臨床研修医／専攻医の研修のために、長時間労働が必要な場合に適用される | 月100時間未満／<br>年1860時間 |
| C-2水準 | 専攻医を卒業した医師の技能研修のために、長時間労働が必要な場合に適用される | 月100時間未満／<br>年1860時間 |

※月100時間未満の上限は例外的に適用されないことがある。

---

i　病院若しくは診療所で勤務する医師（医療を受けるものに対する診療を直接の目的とする業務を行わない者を除く。）又は介護老人保健施設若しくは介護医療院において勤務する医師（労基則附則69条の2）。

三六協定を締結する際は、まずは限度時間（1か月45時間、1年360時間）の範囲内で延長時間を定め、臨時的な特別な事情がある場合には、特別条項を定めて、医療機関の水準に応じて特別延長時間を定めることになります。

　医師の健康を確保するため、いずれの水準の医療機関においても、医師の時間外・休日労働が月100時間以上となることが見込まれる医師には、面接指導をする必要があります。また、連携B水準～C-2水準の医療機関には、休息時間の確保に関する措置（連続勤務時間制限と勤務間インターバルの確保、代償休息）が義務付けられています（A水準は努力義務）。

〔加藤　佑子〕

# 第 **2** 章

●

# 給与

労使の紛争のうち最も多い類型の一つは未払賃金（特に残業代）の請求に関するものです。

従前は許容される風潮もあったサービス残業も、現在は単なる残業代の不払いとみなされるようになりました。また、固定残業代は多くの会社が採用している制度ですが、その不正確な運用のため賃金の未払いが生じているケースが相当程度あるように思われます。本章では、このような固定残業代、出来高払制、その他の給与全般の問題につきご説明します。

# 1 給与支払日が休日に当たる場合の対応策

## 質問

当社は給与について月末締め翌月5日払いとしています。1月の1日から5日まで休日が続いて6日から営業開始となる場合など、前営業日に払おうとすると支給日が月末より前になってしまいますが、翌営業日の6日に支給しても問題はないでしょうか。同じように、25日締めの月末払いにしたとして、月末の営業日に支給しようとする際、計算の余裕がない場合には翌月頭の営業日に支給しても問題ないでしょうか。また、従業員から要求されたら前営業日に支払う必要はありますか？

## 回答

給与をいつ支払えばよいのかという問題ですが、これは、会社が、就業規則等で、本来の給与支払日が休日に当たった場合の給与支払日につき、どのように定めているかによります。

最初の質問では、会社は毎月5日を給与支払日としているようです。会社が、5日が休日に当たった場合、その直後の銀行営業日等を給与支払日と定めている場合には、6日に給与を支給しても問題ありません。他方、その直前の銀行営業日等を給与支払日と定めている場合には、6日に給与を支給すると、支払期限を徒過した違法な支払となります。

2番目の質問では、給与につき25日締めで月末払いとしているようです。この場合、会社が計算の余裕がないからといって、翌月頭の営業日に給与を支給すると、最初の質問と同様に、支払期限を徒過した違法な支払となります。

## ●●● 解説

### 1 毎月1回以上一定期日払の原則

労働基準法は賃金の支払に関する諸原則を定めているところ、「毎月1回以上一定期日払の原則」があります（労基法24条2項※）。

これは、賃金の支払の回数については毎月1回以上、支払の期日については毎月一定の期日に支払わなければならないという原則です。

この原則は、賃金支払日の間隔が長すぎること、及び支払日が一定しないことによる労働者の生活上の不安定を防止する趣旨とされ、例えば、「毎月第2月曜日」という支払日の定め方は「一定期日」とはいえないとされています[i]。

　なお、1か月を超える期間についての精勤手当、勤続手当、奨励加給又は能率手当につきましては、「毎月1回以上一定期日払の原則」の例外となります（労基則8条）。

---

### ※労基法24条2項

　賃金は、毎月一回以上、一定の期日を定めて支払わなければならない。ただし、臨時に支払われる賃金、賞与その他これに準ずるもので厚生労働省令で定める賃金（第89条において「臨時の賃金等」という。）については、この限りでない。

---

## 2 ┃ 就業規則等での給与支払日の定め

　給与の支払の期日をどのような方法で定めるかという問題ですが、まず、使用者は、労働契約の締結の際に「賃金の締切り及び支払の時期」を労働者に明示しなければなりません（労基法15条1項、労基則5条1項3号）。

　また、「賃金の締切り及び支払の時期」は就業規則の必要的記載事項とされています（労基法89条2号）。実務上は、就業規則の一部である給与規程等で定められることが一般的と思われます。

## 3 ┃ 給与支払日が休日に当たった場合の定め方

　もっとも、給与の支払の方法が銀行振り込みの会社では、本来の給与支払日が土・日・祝日に当たる場合はその日に給与が支払えないことから、会社は、このような場合に備えて別の日を給与支払日として定めておく必

---

i　菅野和夫『労働法　第12版』（弘文堂、2019年）456頁

要があります。

　会社が、本来の給与支払日が土・日・祝日に当たった場合にその直後の銀行営業日等を支払日と定めることは、「毎月1回以上一定期日払の原則」に反せず、有効とされています。

## 4 ┃ 賃金のデジタル払い

　ところで、賃金の支払い方法としては、通貨のほか、労働者の同意を得て金融機関の口座に振り込む方法によるのが一般的と思われます。これらに加え、2023年より、労働者の同意を得て、一定の要件の下で資金移動業者の口座への資金移動による賃金支払（いわゆる賃金のデジタル払い）ができるようになりました。

## 5 ┃ 本事例について

### ⑴　月末締め翌月5日払いの場合

　本事例で、会社は、給与について月末締め翌月5日払いとしているようですが、5日が土・日・祝日に当たる場合の給与支払日をどのように定めているかが問題となります。

　会社が、その直後の銀行営業日を給与支払日として定めている場合には、翌日の6日に給与を支給しても問題ありません。

　一方、その直前の銀行営業日を給与支払日とする定めがある場合には、6日に給与を支給すると、支払期限を徒過したことになります。

　そのため、民事責任としては遅延損害金の支払義務が生じることになり、労働基準法では罰金の刑事罰も定められています（労基法120条1号）。

　もっとも、本事例では、年末からの連休が1月5日まで続いているところ、会社が給与を支払える1月5日より前の日が12月下旬になってしまい困っているというケースと思われます。

　この場合も、原則的には、1月6日に給与を支給すると、期限を徒過した違法な支払となりますので、このような場合については例外的に直後の

銀行営業日に支払うことができるよう就業規則等を手当することが必要と思われます。

## ⑵　25日締め月末払いの場合

会社が、給与につき25日締めで月末払いというルールを定めた場合、計算の余裕がないことを理由に、翌月頭の営業日に給与を支給できるかという問題についてです。

このケースは、会社が、単に計算の余裕がないという理由で、翌月頭の営業日に給与を支給しようとしているので、「一定期日払の原則」に反した違法な支払となります。

また、労働基準法には「毎月一回以上払の原則」も定められていますので、月末払いというルールを定めた場合に、月末日が休みに当たる場合は、その直前（同じ月内）に給与を支払うことにする必要があると解されています。この観点からも、翌月頭の営業日に給与を支給することはできません。

〔渡邉　宏毅〕

2
給与

# 2 残業代の計算を間違えていた場合の対応策

## 質問

　従業員の残業代を計算するに当たって、この６年間にわたり残業単価に含めるべき手当が抜けていることが判明しました。どのように従業員と清算すればよいでしょうか。また、労働債務に時効という概念はありますか。金利を付す必要はあるでしょうか。

## 回答

　まずは、残業単価に含めるべき手当の問題ですが、労働と直接的な関係がある手当については残業代の基礎となりますが、労働と直接的な関係が薄く個人的事情に基づいて支払われている家族手当、通勤手当等は残業代の基礎となる賃金から除外することができます。

　本事例では、残業単価に含めるべき手当が抜けており、残業代の計算を間違えていたということですから、会社は、従業員に対し、正確に計算した残業代とすでに支払済の残業代との差額を支払う必要があります。

　次に、時効の問題ですが、賃金の消滅時効は３年です。[i]

　最後に、会社は、本来の給与支給日に正確な残業代を支給しなかったのですから、法的には本来の給与日から支払日までの遅延損害金を支払う義務があります。

　以上から、会社は、従業員に対し、過去３年分（時効を援用した場合）の残業代につき、正確に計算した残業代とすでに支払済の残業代との差額、及びこれに対する遅延損害金を支払う必要があります。

## ●●● 解説

### 1 割増賃金の基礎となる賃金

　労働基準法（以下「労基法」といいます。）は残業代等の割増賃金の基礎とする賃金の計算方法について定めているところ、家族手当、通勤手当その他厚生労働省令で定める賃金は割増賃金の基礎とする賃金に算入しま

---

i　退職金は５年です（労基法附則143条）。

せん（労基法37条5項、労規則21条）。※

　割増賃金の計算から除外される賃金には以下の①〜③があります。

①家族手当、通勤手当、別居手当、子女教育手当、住宅手当

②臨時に支払われた賃金

③一箇月を超える期間ごとに支払われる賃金

　⑴　まず、①の手当は、労働の内容や量とは関係のない個人的な事情による手当であり、割増賃金の基礎から除外されております[ii]。

　もっとも、これらの手当が割増賃金の計算から除外されるかどうかは、名称にかかわらず実質によって取り扱うこととされています（昭和22年9月13日発基第17号）。

　例えば、会社から従業員に対し「家族手当」が支給されていた場合、扶養家族のある従業員に対し家族の人数に応じて手当を支給していれば、この手当は割増賃金の基礎から除外されます。

　一方、「家族手当」という名称の手当が支給されていたとしても、扶養家族の有無や家族の人数に関係なく、一律に定額の手当を支給していれば、この「家族手当」は、法37条5項の「家族手当」に該当しないため割増賃金の基礎から除外されません。

　また、「家族手当」という名称でない手当が支給されていたとしても、その手当が扶養家族の有無や家族の人数に応じて支給される手当であれば、法37条5項の「家族手当」に該当し割増賃金の基礎から除外されることとなります。

　⑵　次に、②「臨時に支払われた賃金」とは、臨時的、突発的事由にもとづいて支払われたもの、及び結婚手当等支給条件はあらかじめ確定されているが、支給事由の発生が不確定であり、かつ非常にまれに発生するものをいうとされています（昭和22年9月13日発基第17号）。

　このような賃金は、「通常の労働時間または労働日の賃金」でないため

ii　菅野和夫「労働法　第12版」（弘文堂、2019年）520頁

2
給
与

に割増賃金の基礎から除外されております。

　⑶　最後に、③「一箇月を超える期間ごとに支払われる賃金」ですが、これに該当する典型例は賞与です。

　また、1か月を超える期間の出勤成績によって支給される精勤手当、勤続手当、奨励加給又は能率手当（労規則8条）についてもこれに該当します。

　これらの手当は、計算技術上割増賃金の基礎への算入が困難である、として割増賃金の基礎から除外されております[iii]。

---

**※労基法37条5項（時間外、休日及び深夜の割増賃金）**

　第一項及び前項の割増賃金の基礎となる賃金には、家族手当、通勤手当その他厚生労働省令で定める賃金は算入しない。

**※労規則21条**

　法第三十七条第五項の規定によつて、家族手当及び通勤手当のほか、次に掲げる賃金は、同条第一項及び第四項の割増賃金の基礎となる賃金には算入しない。

　　一　　別居手当

　　二　　子女教育手当

　　三　　住宅手当

　　四　　臨時に支払われた賃金

　　五　　一箇月を超える期間ごとに支払われる賃金

---

## 2 | 賃金の消滅時効

　労基法では、賃金、災害補償その他の請求権の消滅時効は3年と定められています。[iv]

---

iii　菅野和夫「労働法　第12版」（弘文堂、2019年）520頁
iv　2020年施行の改正労基法により、それまでは2年だった賃金の消滅時効が当分の間は3年に延長されました。

なお、退職金の消滅時効は５年と定められています（労基法115条）。

## 3 本事例について

### (1) 差額の支払義務

会社は、残業単価に含めるべき手当を含めて計算していなかったため、６年間にわたり、残業代の計算を間違えて支払っていました。

したがいまして、会社は、従業員に対し、正確に計算した残業代とすでに支払済みの残業代との差額を支払う義務があります。

もっとも、会社が消滅時効を援用すれば、過去３年分の差額に限り支払えばよいこととなります。

### (2) 遅延損害金の支払い義務

会社は、本来であれば、毎月の一定期日に、正確に計算した残業代を支払う義務がありました。

しかしながら、会社は、本来の支払い期限を経過して賃金を支払うことになりますから、法的には正確に計算した残業代とすでに支払済みの残業代との差額に対する遅延損害金の支払い義務があります。

〔渡邉　宏毅〕

## ◆◆◆ 税務からのアプローチ ‖‖‖‖‖‖‖‖‖‖‖‖‖‖‖‖‖‖‖‖‖‖‖‖‖‖‖‖‖‖‖‖‖‖

【残業代の計算を間違えていた場合の対応】

## 1 残業代の計算誤り

過去の残業代の遡及的修正の中には、単純な時間単価、時間数の誤りに起因する少額であるが残業代修正が発生する場合、また、過去の残業代の未支給がわかり、多額の残業代が発生する場合もあります。残業代の修正は、原則、過去の給与の修正になります。税務上は、従業員の給与所得の修正をすることになります。

## 2 ┃ 給与の毎月の源泉徴収と年末調整

　給与所得とは、所得税法上、俸給、給与、賃金、歳費及び賞与並びに
これらの性質を有する給与に係わる所得をいいます（所法28条１項）。給
与等の支払者は、毎月、各個人の給与から源泉所得税を徴収し、税務署
に翌月10日までに納付します。

　給与等から一定の税率等による源泉徴収税を徴収します。具体的には、源
泉徴収税額表を使い、源泉徴収しますが超過累進税率制度をとっているた
め、給与等を増額修正した場合上乗せ分の税率が高くなる場合があります。

　毎月の源泉徴収した給与所得税は、年末調整し、各従業員の所得税を
確定させます。給与の未払があった場合には、年末調整にその給与を加
え、未払給与に対応する所得税等を年間の所得税等の額の総額に含めた
ところで年末調整します。給与所得の源泉徴収票の支払金額欄に括弧書
で内訳に未払給与の額を記載し、源泉徴収税額欄に括弧書で年末調整後
の源泉徴収税額と徴収済の税額の差額を記載します。

　年末調整で確定されない者は、翌年３月15日までに確定申告をすること
になります。


## 3 ┃ 残業手当の不足の一般的な処理

　当年度の残業手当の不足であれば、不足した給与分に加えますが、源泉
徴収額は、あくまで支払った分についての源泉徴収税額を納付します。そ
の支払った分の源泉徴収税額は、その月に支払うべき給与等の金額を「給
与所得の源泉徴収税額表」に当てはめて所得税等（復興特別所得税の額を
含む）を求め、次に求めた所得税等の額に支払うべき給与等の金額を分母
とし、実際に支払った給与等の金額を分子とした割合を掛けます。なお不
足分について支払った時には、徴収未済額を納付することになります。

　過年度の支払部分の修正は、過年度の給与の支払手続を修正すること
になり、年末調整の修正、場合によっては、従業員の確定申告書の修正申
告も行うことになります。この修正は、このほか、過年度分の社会保険

料、雇用保険料、翌年の住民税の修正も発生することも考えられます。

　所得税基本通達36−9⑴では、給与所得の収入金額の収入すべき時期は、「契約又は慣習その他株主総会の決議等により支給日が定められている給与等については、その支給日その日が定められていないものについてはその支給を受けた日」になっています。過去の残業手当の計算間違えの給与等の収入もれは、過去の定められた支給日であると考えられますので、過去の給与所得の修正と考えます（質疑応答事例「過去に遡及して残業手当を支払った場合」https://www.nta.go.jp/law/shitsugi/gensen/03/41.htm）。

　なお、給与改定の遡り支給については、所得税基本通達36−9⑶では、「給与規程の改訂が既往にさかのぼって実施されたため既往の期間に対応して支払われる新旧給与の差額に相当する給与等で、その支給日が定められているものについてはその支給日、その日が定められていないものについてはその改訂の効力が生じた日」となっています。

　また、給与規程等の改訂で残業手当の差額の一括処理については、上記の質疑応答事例の回答では「給与規程等の改訂が過去に遡って実施されたため、残業手当の差額が一括支給されるような場合には、その差額について支給日が定められているときはその支給日、支給日が定められていないときはその改訂の効力が生じた日」になるとの記載があります。

　したがって、上記質疑応答事例から、残業代の不足の処理については、過去の給与所得の修正になると思われます。

## 4 ┃ 残業手当を一括して支払う場合

　修正した残業手当を一括支給する場合、従業員の了解を得て、これを一時金として支払い、所得税法上は、賞与として処理する方法も考えられます。「賞与とは、定期の給与とは、別に支払われる給与等で、賞与、ボーナス、夏季手当、年末手当、期末手当等の名目で支給されるものその他これらに類するものをいう。なお、給与等が賞与の性質を有するかどうかが明らかでない場合には、次のようなものは賞与に該当するものとする。」と

あり「ロ　あらかじめ支給額又は支給基準の定めのないもの、ハ　あらかじめ支給期の定めのないもの」に該当すると考えます（所得税基本通達183－1の2）。

　賞与の場合は、臨時的な給与として「賞与に対する源泉徴収税額の算定率の表」を用いて源泉所得税を計算することになります。

　過去の残業代を発生した年度に遡って修正することは、従業員の数が少なければ、対応できるかもしれませんが、多数の社員に関係する場合、その訂正に要する手数、訂正された源泉徴収票を受け取った従業員が過去に確定申告を行っていた場合等を考えると、実務的にはかなり難しいと考えられます。そのため一時金として一括で支給する方法にも相応の合理性が考えられます。給与規程等の改訂が過去に遡って改訂された場合に類する経済効果とみなす余地があるからです。なお、所得税は超過累進税率をとっているため、一時金は、遡り支給に比べ、税額が増えることになりますので特に残業代の不足額合計が多額となる場合には、従業員の了解が必要です。

　過年度分に及ぶ残業代の計算間違えの場合、修正人数、期間、その他の影響を考え、過年度への遡り修正をするか、一時金とするかを考えて判断することになると考えます。

## 5 ┃ 最後に

　違法残業その他に起因して労働事件となり、過去の残業手当の未支給が問題になった会社もあります。労働基準監督署の調査から、複数の大手企業でも、違法な長時間労働の是正勧告を受け、その過程で残業手当の未支給問題が発覚していました。

　長期間労働問題を是正し、実際就業時間の正確な把握を行い、残業のデータとして正確な入力を行い、残業手当をきちんと支払うことが社会から要請されています。

# 3 固定残業代の導入

## 質問

当社の営業職は、営業活動と同時に遠地に商品の納品も行います。そのため、営業時間内に戻ることができない場合が多いです。みなし残業というやり方があると聞きます。毎月一定時間分の残業代を賃金や手当の中に織り込んでおき、その一定の時間を超えない限りは、残業代を支給しないという制度です。これを導入する際には、どのような点に留意したらよいのでしょうか。

## 回答

本件は、いわゆる固定残業代に関するご相談です。

使用者は、毎月、一定時間分の残業代（以下「固定残業代」といいます。）を定額賃金に含めて支払うことができます。

もっとも、使用者が固定残業代を支払う場合には、労働者に対し、通常の労働時間の賃金に当たる部分と割増賃金に当たる部分とを判別することができるようにしなければなりません。

具体的には、労働条件通知書等に、基本給（通常の労働時間の賃金に当たる部分）と固定残業代に関する労働時間数（以下「固定残業時間」といいます。）と固定残業代の金額又は計算方法（割増賃金に当たる部分）の明示をする必要があります。

なお、固定残業代を導入したからといって、使用者による労働者の労働時間の管理の義務、及び固定残業時間を超えて残業した場合の残業代の支払義務がなくなることはありません。

2

給
与

## ●●● 解説

### 1 固定残業代の支払

使用者は、労働者に賃金を支払う際に、あらかじめ一定時間分の固定残業代を定額賃金に含めて支払うことができます。

## 2 | 通常の労働時間の賃金に当たる部分と割増賃金に当たる部分との判別の必要性

　使用者が固定残業代を支払う場合には、通常の労働時間の賃金に当たる部分と割増賃金（残業代）に当たる部分とを判別することができるようにしなければなりません（最判平成6年6月13日等）。

　具体的には、労働条件通知書等において、基本給（通常の労働時間の賃金に当たる部分）と固定残業代に関する労働時間数と金額等の計算方法（割増賃金に当たる部分）の記載をする必要があります。

　厚生労働省によれば、会社が求人をする際には募集要項や求人票に下記の①～③を明示すべきとされています[i]。

① 　固定残業代を除いた基本給の額

② 　固定残業代に関する労働時間数と金額等の計算方法

③ 　固定残業時間を超える時間外労働、休日労働及び深夜労働に対して割増賃金を追加で支払う旨

　固定残業代に関し、最高裁判決は、年俸約1,700万円の医師であっても、通常の労働時間の賃金に当たる部分と割増賃金に当たる部分とを判別することができないという場合は、その年俸の支払により、時間外労働等に対する割増賃金が支払われたということはできない、と判示しています（最判平成29年7月7日）。

　もし、使用者が、固定残業代のつもりで手当を支払っていたものの、通常の労働時間の賃金に当たる部分と割増賃金に当たる部分とを判別することができず割増賃金に当たる部分が支払われていないと評価された場合は、使用者は、固定残業代のつもりで支払っていた手当を含む定額賃金を基本給としてさらに割増賃金を支払わなければならないことになってしまいますので注意が必要です。

---

i 　厚生労働省「労働者を募集する企業の皆様へ」（平成29年）

### 3 │ 労働時間の管理の義務

　使用者は、労働者の労働時間を適切に管理する義務を有しています。

　使用者は、労働者の健康管理や賃金計算を適切にするために、労働時間を適正に把握する必要があるからです。

　使用者の中には、固定残業代を導入しようとする動機として、労働者の労働時間の管理をしなくてもよいようにするためと考えている方もいるかもしれません。

　しかしながら、固定残業代を導入したからといって、使用者による労働者の労働時間の管理の義務がなくなることはありません。

### 4 │ 固定残業時間を超える残業があった場合の残業代の支払義務

　労働者の労働時間が固定残業時間を超えた場合は、使用者は、当然、超過分の残業代を支払う義務があります。

　使用者の中には、固定残業代を導入しようとする動機として、固定残業代を含む定額の賃金の支払の他に残業代を支払わなくてよいようにするためと考えている方もいるかもしれません。

　しかしながら、固定残業代を導入したからといって、固定残業代を超える残業代の支払義務がなくなることはありません。

### 5 │ まとめ

　ご質問によれば、本会社では、営業職が営業時間に戻ることができないから固定残業代を導入したいということでした。

　おそらく、ご質問の会社では、固定残業代を導入すれば、営業職の時間管理をしなくてよい、又は追加の残業代を支払わなくてよいとお考えなのかもしれません。

　実際に、このような理由で、固定残業代を導入している会社も多いように思いますが、固定残業代を導入したからといって、労働者の労働時間の管理の義務、及び固定残業代を超える残業代の支払義務がなくなることは

ありません。

　もっとも、固定残業代を導入すると、固定残業時間以内であれば残業してもしなくても支払われる残業代は同じとなるため、残業時間の少ない従業員に対しても相応の賃金を支給することができます。

〔渡邉　宏毅〕

# 賃金の出来高払制

## 質問

　当社は完全歩合制の営業社員を雇用しています。営業成績が悪かった月は最低賃金に足りない分を補填し、翌月以降で成績の良かった月の賃金からこの補填した分を差し引いて支払うことは問題ないでしょうか（質問１）。また、成績不振が長く続く営業社員の希望者を対象に、別の優秀な営業社員のサポートを付けて挽回させようかとも考えていますが、この際に営業サポート費用を徴収しても問題ありませんか（質問２）。

## 回答

　使用者は、出来高払制（歩合制）を適用する労働者に対しても、一定の賃金を保障する義務があります（出来高払制の保障給）。つまり、使用者が、労働者の出来高がゼロの月には賃金もゼロとするような完全歩合制を採ることはできません。出来高払制の保障給の額について、最低賃金額以上とすべきことはもちろんですが、大体の目安として少なくとも平均賃金の６割程度とすべきと考えられています。また、保障給にも賃金全額払の原則が適用されるため、使用者は法令等で定める場合を除き保障給全額を支払う必要があり、一部を差し引いて支払うことは認められません。

　営業社員に対する営業サポートに関しては、業務遂行能力が未熟な労働者に対する教育訓練として、使用者の費用負担において実施することが望ましいでしょう。

## ●●● 解説

### 1 賃金全額払の原則

　労働基準法は、労働の対価が完全かつ確実に労働者本人の手に渡るよう、賃金の支払についていくつかの原則を定めています（労基法24条）。労働基準法が定める賃金の支払に関する諸原則のうち本質問に最も関係するものとして、「全額払の原則」が挙げられます。

　全額払の原則とは、賃金は、その全額を支払わなければならず、その一

2

給与

部を控除してはならないことを内容とする原則です。使用者が労働者に対して有する何らかの債権と、労働者の賃金債権とを相殺することも、全額払の原則が禁止している控除に当たると解されています。

ただし、法令に別段の定めがある場合（例えば、所得税の源泉徴収、社会保険料の控除など）又は労使の自主的協定がある場合（例えば、社宅、寮その他福利厚生施設の費用、社内預金、組合費など）には、例外的に賃金の一部を控除することが認められています。

したがって、使用者は例外的な場合に当たらない限り、賃金全額を支払わなければならず、その一部を差し引くことは許されません。

## 2 出来高払制を適用する際の留意事項

### (1) 出来高払制

賃金の主たる内容である基本給の定め方には大きく分けて、1日や1か月単位の定額払制と、本質問のように出来高に応じて定める出来高払制（歩合制）とがあります。定額払制が一般的ですが、営業社員やタクシー運転手などに出来高払制が適用されていることも珍しくありません。

### (2) 出来高払制の労働者に対する賃金保障

労働基準法は使用者に対し、出来高払制で使用する労働者については、労働時間に応じて一定額の賃金を保障するよう義務付けており（労基法27条）、この義務に違反した使用者には30万円以下の罰金が科せられます（労基法120条1号）。

出来高払制が適用される労働者であっても、その賃金が原料粗悪や客不足など労働者の責任の及ばない事情によって著しく低下することは労働者の生活保障の見地から妥当ではないため、就業した以上はたとえ出来高が少ない場合でも、労働した時間に応じて一定額の保障を行うべきとされたのです。

保障給の額について労働基準法27条は何も規定していませんが、最低賃金法に基づいて定められる最低賃金額以上とすることはもちろん、「常

に通常の実収賃金と余りへだたらない程度の収入が保障されるように保障給の額を定める」[i]べきと考えられています。もう少し具体的に言えば、「大体の目安としては、休業の場合についても休業手当が平均賃金の100分の60以上の手当の支払を要求していることからすれば、労働者が現実に就業している本条の場合については、少なくとも平均賃金の100分の60程度を保障することが妥当」でしょう[ii]。

　なお、労働者が自らの責任で就業しなかった場合には、使用者にはそもそも賃金を支払う義務が生じませんので、労働基準法27条の保障給も当然支払う必要はありません。また、保障給の金額は、一定の労働については常に一定している必要がありますが、同種の労働を行う労働者が多数ある場合に、各労働者の能力、経験に応じて保障給額に差を設けることなどは差し支えないと解されています。

### (3)　出来高払制と割増賃金

　出来高払制の労働者が時間外労働などに従事した場合にも、使用者は時間外手当など割増賃金を支払わなければなりません。

　この場合の割増賃金算定上の基礎賃金は、一定の賃金算定期間において計算された賃金総額を、その算定期間における総労働時間数で割った金額と定められています（労基則19条6号）。前記(2)で保障給について説明しましたが、保障給はあくまで最低保障すべき額ですので、出来高払制の労働者に対する割増賃金の基礎賃金算定に用いることはできません。

## 3 ┃ 質問への回答

　まず、質問1についてですが、営業社員の営業成績が悪い月であっても、会社は労働基準法27条が定める保障給を支払わなければなりません。また、保障給も賃金である以上、当然に賃金全額払の原則が適用されますので、

---

i　昭和22年9月13日発基第17号、昭和63年3月14日基発第150号・婦発第47号
ii　厚生労働省労働基準局編『令和3年版労働基準法　上（労働法コンメンタール3）』（労務行政、2022年）389頁

会社が保障給から一部控除をすることは、法令等が定める例外的場合に当たらなければ、当月にはもちろん、翌月以降にも認められません。質問1のように、事後的に翌月以降の営業成績の良い月の賃金から一部を差し引くことは、その月の賃金について全額払の原則に反することにもなります。したがって、労基法が定める保障給以上の賃金は毎月支払いつつ、他方、歩合給については例えば数か月間の営業成績に基づいて計算するなど、営業成績の変動を反映して支払える仕組みにする等が考えられます。

　次に、質問2についてですが、たとえ本人の希望がある場合に限るとはいえ、未熟な営業社員に優秀な営業社員のサポートを付けることは、まさに会社の指揮命令下で遂行させている業務そのものに関する教育訓練に当たります。会社として労働者を使用して事業を行う以上、労働者に対する業務遂行上必要な教育訓練は会社の負担で実施することが妥当と言えます。よって、営業サポート費用を営業不振の社員から徴収することは、適切ではないと思われます。

〔加藤　佑子〕

## ◆◆◆税務からのアプローチ

【出来高払等で外交員iに支払われる賃金に関わる実務上の取扱い】

### 1 外交員報酬に関わる税務上の区分

　税務上、一般の従業員に対して支払われる賃金は全て給与所得となりますが、外交員に対して支払われるものについては異なる定めが置かれてお

---

i　外交員とは、事業主の委託を受けて、継続的に事業主の商品等の購入の勧誘を行い、売買契約の締結を媒介する役務を自己の計算において事業主に提供し、その報酬が商品等の販売高に応じて定められている者のことを言います。保険商品を販売して保険会社からコミッションを受け取る保険の外交員が典型ですが、商品の販売高に応じた出来高払賃金を受け取っている者で、営業にかかる経費等を自ら負担して管理している者はこの外交員に該当します。

り、外交員に支払われる賃金の中で固定給の部分は給与所得、それ以外の歩合による部分は事業所得の扱いになります。もし固定給と歩合給の区分が明確でない場合は、各種事情を総合勘案して給与所得と事業所得に区分されます。

したがって、本文にあるような完全歩合制の営業社員で外交員に該当する者の場合、支払う賃金は全額事業所得として取り扱われることになります。なお、保障給や最低賃金を満たすために歩合で計算した額に上乗せして一定額を保証する場合も完全歩合制として取り扱われるものと考えられます（所基通204－22）。

## 2 税務上の区分による賃金を支払う側の取扱い

給与所得となる賃金を支払う場合は、一般の従業員と同じ給与として取り扱われます。この場合、支払毎に「給与所得の源泉徴収税額表」に基づく源泉所得税等を差し引いた額を支払い、差し引いた分は税務署に納付します。また、この支払は雇用契約に基づく労働の対価であり事業として行う役務の提供には当たらないので消費税の課税対象にはなりません。

さらに、（一定の場合を除き）年末には1年間の支払額や源泉徴収税額等を集計して年末調整を行い、年税額を算出して過不足額を還付又は追加徴収します。その上で年間の給与所得の源泉徴収票を作成して支払った相手に交付するとともに、税務署に提出します。

事業所得となる賃金を支払う場合は、外注費や業務委託費などの報酬として取り扱われます。この場合、支払毎に報酬・料金等の源泉徴収税額として定められた源泉所得税等（完全歩合制の外交員の場合、報酬額から12万円を差し引いた金額の10.21%）を差し引いた金額を支払い、差し引いた分は税務署に納付します。また、この支払は事業として行う役務の提供の対価になるので、消費税の課税対象になります。

この場合年末調整は行いませんが、年末に1年間の支払額と源泉徴収税額を集計して支払調書を作成し、税務署に提出する必要があります。この

支払調書については給与所得の源泉徴収票と異なり支払った相手に交付する義務はありませんが、実務上は所得税確定申告の参考資料として交付されるのが一般的です（所法185条、所法190条、所法226条1項、所法204条1項4号、所法205条2号、所令322条、所法225条1項3号）。

## 3 ┃ 税務上の区分による賃金を受け取る側の取扱い

　給与所得となる賃金を受け取る場合は、一定の場合を除いて年末調整で税額が確定するので確定申告を行う必要はありません。なお、確定申告をする場合には、賃金の支払者から交付された源泉徴収票を確定申告書に添付する必要があります。

　事業所得となる賃金を受け取る場合は、受け取った賃金から事業に関わる各種経費を差し引いて所得額を計算し、確定申告をする必要があります。この場合、収入と経費は自己で集計した金額を用いるので確定申告書に支払調書を添付する義務はありませんが、実務上は参考資料として添付することも多いです（所法121条、所法120条3項4号）。

## 4 ┃ 社会保険料の取扱い

　社会保険については、労働法上の労働者であれば一定の場合を除いて必ず加入する必要があり、労働者負担分の保険料は賃金から差し引かれて使用者が納付することになります。ここでいう労働法上の労働者とは、使用者の指揮監督下で労働してその対価として賃金を受け取る者のことであり、これは税務上の取扱いとは無関係ですので、完全歩合制の外交員で賃金が全て事業所得として扱われる場合でも賃金支払者の指揮監督下で労働しているのであれば社会保険に加入する必要があります。この場合、社会保険料の労働者負担分は事業所得となる歩合制賃金から差し引かれることになります。

　なお、通常の給与所得者の場合は給与所得の源泉徴収票に給与から控除した年間の社会保険料額が記載されますが、事業所得のみとなる完全歩

合制の労働者の場合は源泉徴収票が発行されませんので、代わりに支払調書の摘要欄に「社会保険料控除額XX円」などと記載したものを交付することが考えられます（労基法9条）。

# 5 会社の従業員が死亡し相続が発生した場合の退職金等の支払

## 質問

　会社の従業員が亡くなり相続が発生しました。相続人は、従業員の妻、以前離婚した妻との間の子供2名がいます。離婚した元の妻から退職金・弔慰金・社内預金・財形等の支払を依頼されました。会社は、誰に対して、これらを支払ったらよいのでしょうか。子供が成人の場合、又は未成年の場合で元妻の請求の正当性が変わる可能性はあるでしょうか。

## 回答

　今回は、従業員が死亡した場合の退職金・弔慰金・社内預金・財形等の支払に関するご相談です。

　まず、会社は、会社の退職金、弔慰金、社内預金、及び財形等に関する規程を確認すべきです。

　そして、これらの規程の定めに、従業員が死亡した場合にその配偶者等の特定の名宛人に支給する旨の定めがある場合、そのような定めのある退職金、弔慰金、財形等は、規程の定めで名宛人となっている者の固有の財産であり、相続財産の対象とはならないと考えられております。

　一般的な退職金規程・弔慰金規程では、従業員が死亡した場合の退職金・弔慰金は配偶者に支払うと定められているようです。

　一方で、これらの規程の定めに、従業員に相続が発生した場合にその配偶者等に支給する旨の規定がない場合は、その財産は相続財産となります。

　次に、会社は、規程類の確認の結果、従業員が死亡した場合の支払先が定められている財産についてはその名宛人に支払い、そうでない財産については相続人に支払う必要があります。

　相続財産に関しては、本事案は、現在の妻と元妻との利害が対立する可能性が大きいので、会社は、相続人から戸籍や遺産分割協議書の提供を受け、相続人や相続財産の分割方法を確認した上で、金銭の支払等を行うべきと考えられます。

　ところで、離婚した元の妻の子が未成年である場合は、一般的に、元妻はその子の親権者となっていますので子を代理する権利がありますが、子が成年に達している場合は、元妻にそのような代理権はありません。

## ●●● 解説 ||||||||||||||||||||||||||||||||||||||||||||||||||||||||||||||||||||||||||||||

### 1 | 従業員が残した財産が配偶者等の固有の財産となる場合

　まず、会社は、退職金、弔慰金、社内預金、財形等に関する規程を確認すべきです。

　というのも、従業員が死亡した場合に、退職金、弔慰金等が誰に支払われるかについては、規程の内容により異なるからです。

　これらの規程の定めに、従業員に相続が発生した場合は、その配偶者等の特定の名宛人に支給する旨の定めがある場合、そのような定めのある退職金、弔慰金、財形等は、規程の定めで名宛人となっている者の固有の財産であり、相続財産の対象とはならないと考えられております。

　ところで、一般的な退職金規程や弔慰金規程の定めにおいては、従業員が死亡した場合、退職金・弔慰金を受け取る者を、「労働者の配偶者（事実上婚姻と同様の関係にある者を含む）」と定めていることが多く見受けられます。配偶者がいない場合には、「労働者の子、父母、孫及び祖父母で、労働者の死亡当時その収入によつて生計を維持していた者又は労働者の死亡当時これと生計を一にしていた者」等と定められている場合が見受けられます（順位は配偶者→子→父母→孫→祖父母）。

　労基法では、労働者が業務上の災害で死亡した場合に給付される保険金である遺族補償を受けるべき者は、労働者の配偶者（事実上婚姻と同様の関係にある者を含む。）（労基則42条1項）、配偶者がいない場合は生計を一にしていた子→父母→孫→祖父母の順と定められています（同規則42条2項）。多くの会社の規程においては、従業員が死亡した場合の退職金や弔慰金の支払について、これと同様の考え方に依拠しているものと考えられます。

　本事例において、当該従業員には現時点で妻がいるようですので、もし配偶者に支給する旨の定めがある場合は、会社は、元妻からの請求については応じる必要はありません。

2

給与

## **2** 従業員が残した財産が相続財産となる場合

一方で、これらの規程に、従業員が死亡した場合、その配偶者等に支給する旨の定めがない場合は、従業員が残した財産は相続財産となります。

以下では、このような相続財産の支払先について、従業員の離婚した元妻の子が未成年であるか否かに分けて検討します。

### ⑴　離婚した元妻の子が未成年である場合

元妻の子が未成年である場合、一般的には、元妻はその子の親権者となっています。

この場合は、元妻は、未成年の子の法定代理人となりますから、会社は、原則として、元妻の求めに対して、子が相続した財産を支払わなければなりません。

本件では、死亡した従業員の相続人は、現在の妻と、元妻との間の子2人ということです。従業員が会社に有していた債権は相続発生時に当然分割されますので、法定相続分どおりであれば、現在の妻が2分の1、2人の子がそれぞれ4分の1を相続します。

ただ、本件は現在の妻と元妻との利害が対立する可能性が大きいので手続は慎重に行った方がよいように思います。

具体的には、会社は、相続人から戸籍や遺産分割協議書の提供を受け、相続人や相続財産の分割方法を確認した上で、金銭の支払等を行うべきと考えられます。

### ⑵　離婚した元妻の子が成年に達している場合

離婚した元妻の子が成年に達している場合は、元妻は子の親権者となることはありません。したがいまして、元妻自身が遺言により遺贈をうけるというような特段の事情のある場合を除き、会社は、元妻の求めに応じる必要はありません。

〔渡邉　宏毅〕

第**3**章

・

人事

近年労働市場において人手不足が深刻な問題となっているため、多くの会社では人材の採用・定着が重要な課題となっています。

本章では、人事問題について説明しますが、例えば定年をどのように定めるかといった会社の人事政策は、個別の適法違法の問題にとどまらず人材の採用・定着に影響を及ぼします。こうした点からも、会社において正しい法的理解に基づく魅力的な人事政策を検討・実施することが望まれます。

# 1 試用期間

## 質問

　過去に、試用期間を設けずに社員を採用して、履歴書と実態があまりにも異なることから揉めたことがありました。それ以来、採用に際しては、必ず試用期間を設けています。

　試用期間中は、本採用に比して労働条件を低く設定していますが、問題ないでしょうか。また、まだ経験はありませんが、入社選考時に提出された履歴書等の申告内容と実際の勤務態度等に乖離がある場合には、試用期間経過後に本採用を拒否できると理解していますが、その理解は正しいでしょうか。

## 回答

　試用期間は通常、基礎的な教育訓練をする中で従業員としての適格性を観察・評価する期間とされています。

　このような試用期間の目的に照らして合理的な差異であれば、試用期間中の労働条件を本採用後のものと異なる内容にすることも認められると考えます。また、入社選考時の適法な質問に対する従業員による虚偽申告等は、使用者の適格性判断を誤らせるものとして、又は信頼関係を喪失させるものとして、使用者の本採用拒否の事由となり得ます。

## ●●● 解説

## 1 試用期間とは

　多くの企業では、従業員を採用する際、入社後一定期間（3か月が最も多い[i]。）の「試用期間」をおき、基礎的な教育訓練をする中で従業員としての適格性を観察・評価して、本採用（正社員）とするか否か決定しています。

　試用期間中の契約と本採用後の労働契約との関係について、別個の契約であるとする考え方や、同質の契約であるとする考え方など、学説上は

---

i　菅野和夫『労働法　第12版』（弘文堂、2019年）243頁

様々な法的構成が提唱されています。

　この点に関し、裁判実務は、長期雇用システム下の試用期間中の契約を、試用期間開始当初から期間の定めのない通常の労働契約（本採用後の労働契約と同質のもの）であるとしながら、試用期間中は使用者に労働者の不適格性を理由とする解約権が留保されていると解しています[ii]。つまり、使用者が、解約権の行使（試用期間中の解雇又は本採用の拒否）をしない限り、試用期間が終了した後もそのまま労働契約が継続することになります。

## 2 ｜ 試用期間中の解雇・試用期間経過後の本採用拒否について

　一般的に、試用期間の目的が従業員の適格性判定にあること、試用期間中の契約が使用者の解約権が留保された労働契約であることは、前記**1**のとおりです。では、どのような場合、使用者に留保された解約権の行使が認められるのでしょうか。

　まず、この解約権の行使は、使用者が試用期間中における従業員の勤務態度や能力を観察した結果、適格性を欠くと判断した際、試用期間中の解雇や試用期間経過後の本採用拒否という形でなされます。

　そして、解約権の行使も従業員の解雇に当たりますが、試用期間には従業員の適格性を観察する期間としての性格があるため、通常の解雇よりも広い範囲において解雇の自由が認められます。

　ただ、使用者に従業員の適格性判断に広い裁量が認められるとしても、解約権の行使は、「解約権留保の趣旨、目的に照らして、客観的に合理的な理由が存し社会通念上相当として是認されうる場合にのみ許される」[iii]と考えられています。すなわち、使用者は適格性欠如の判断の具体的根拠を示す必要があり、その判断が妥当であるか否かも客観的に評価されます。

---

[ii]　最判昭和48年12月12日民集27巻11号1536頁は、長期雇用システム下の通常の試用期間中の契約についてこのような考え方を示していると思われますが、最終的には、契約の法的性質は個別具体的に判断されます。

[iii]　前掲注 ii 最判昭和48年12月12日

## 3 | 本質問への回答

### ⑴ 試用期間中の労働条件

本質問の会社では、試用期間中の労働条件を本採用後の労働条件より低く設定しているとのことですが、このような扱いは適法と言えるでしょうか。

前記のとおり、試用期間は基礎的な教育訓練をする中で従業員の適格性を判定する期間ですので、本採用後の労働条件と差異を設けることは、その差異が試用期間の性質に照らして合理的と言えれば問題ないものと考えます。具体的には、賃金に合理的差異を設けることが考えられます。

しかし、例えば「試用期間中は時間外手当を支払わない」や「試用期間中は社会保険等に加入しない」等、労働法に反する労働条件を設けることは、試用期間中も決して認められません。

### ⑵ 本採用を拒否することの適法性

本質問では、入社選考時に従業員が申告した内容と実際の勤務態度等とに乖離があった場合、本採用拒否できるか否かが問題となっています。

試用期間中における従業員の適格性判断は、勤務態度等の観察・評価によって行います。この際、入社選考時の資料も適格性判断の基礎となります。つまり、入社選考時の適法な質問に対する虚偽申告等は、使用者の適格性判断を誤らせるものとして、又は信頼関係を喪失させるものとして、使用者の解約権行使の事由となり得ます[iv]。

したがって、入社選考時に従業員が履歴書等で申告した内容が、試用期間中に事実と異なることが判明した場合、使用者は虚偽申告等を理由として本採用拒否できることがあります。ただし、虚偽申告の内容が従業員の適格性判断に重要でない事項（例えば業務と無関係な趣味に関する事項）である場合などは、解約権行使は適法と評価されないでしょう。

〔加藤　佑子〕

---

iv　菅野和夫『労働法　第12版』（弘文堂、2019年）240頁

# ② 試用期間の延長等

**質問**

　試用期間に関する質問です。一般に試用期間は3か月とされていると思いますが、どうしても延長して判断した方がよいと思われる場合、試用期間を延長することは可能でしょうか。延長するのではなく、当初から試用期間を6か月とか1年と定めることは可能でしょうか。また、試用期間中の社会保険・労働保険は、継続して雇用するとは限らないので、加入しなくてよいでしょうか。

**回答**

　企業は、従業員の適格性を観察・評価して本採用とするか否かを決定するために、入社後一定期間の試用期間を設けることが一般的です。企業が適格性を判断するため試用期間を延長する必要があると判断した場合でも、延長に関する契約上の明確な根拠が認められない限り、延長することはできないと解されています。

　試用期間の期間設定については、ご質問にあるとおり、3か月が最も多いようですが、6か月や1年とする例も見受けられます。試用期間の上限は法律上特に定められていません。しかし、適格性を判断するための期間という趣旨に照らすと、あまりに長い期間設定は公序良俗に反するとして（一部）無効と評価される可能性もありますので、長くとも1年以内で設定するのが無難と思われます。

　試用期間中の社会保険や労働保険について、本採用まで加入しない扱いとしている企業も一部あるようです。しかし、試用期間中も正社員と同じように常勤すると思われますので、各種保険の加入要件を充足する以上、企業は加入手続を取る必要があります。

**3**

人事

## ●●● 解説

### 1 試用期間について

　企業は従業員を採用する際、基礎的な教育訓練をする中で従業員としての適格性を観察・評価して、正社員として本採用するか否かを決定するため、入社後一定期間の試用期間を設けることが一般的です。

裁判実務では、試用期間が設けられていても、入社当初（試用期間開始当初）から期間の定めのない労働契約が締結されていると解されています。よって、試用期間中の労働契約解約も試用期間満了時の本採用拒否も解雇に当たります。ただ、試用期間中に明らかとなった従業員の不適格性を理由とするこうした解雇は、通常の解雇よりは広い範囲で解雇の自由が認められています。

## 2 ▌試用期間の期間設定と延長

### (1) 期間設定

　ご質問にもあるとおり、試用期間の期間設定は3か月が最も多く、それ以外では1か月から6か月とすることが多いようです[i]。ちなみに、裁判例の中には1年の試用期間を是認するものも存在しています[ii]。

　法律上、試用期間の上限規制はありませんが、あまりに長い期間設定は公序良俗に反するとして（一部）無効と評価されるリスクがあります。

　したがって、試用期間を長めに設定するとしても、6か月以内、長くとも1年以内とすることが無難と思われます。

### (2) 延長

　試用期間の延長については、「就業規則などで延長の可能性およびその事由、期間などが明定されていないかぎり、試用労働者の利益のために原則として認めるべきでない。」[iii]と考えられています。

　したがって、契約上の明確な根拠が認められない限り、試用期間を延長することはできないと解すべきでしょう。

　なお、試用期間の延長に関する契約上の根拠がなく、企業が試用期間中の解約又は試用期間満了後の本採用拒否をしないまま試用期間が経過すれば、本採用に移行することになります。

---

i　菅野和夫『労働法　第12版』（弘文堂、2019年）243頁
ii　最判平成2年6月5日民集44巻4号668頁等
iii　前掲注 i 243頁

## 3 ┃ 試用期間中の社会保険及び労働保険の扱い

　企業の中には、試用期間中の従業員について社会保険や労働保険を加入させず、本採用後に初めて加入手続を取るところもあるようです。しかし、社会保険や労働保険はそれぞれ加入要件が法律上定められており、加入要件を充たす場合は加入させなければなりません。

　上記1でご説明のとおり、試用期間が設けられていても、試用期間開始当初から期間の定めのない労働契約が締結されていると解されています。つまり、試用期間中もいわゆる正社員と同じように常勤すると思われますので、社会保険や労働保険の加入要件を充足する以上、企業は試用を開始するに際し、速やかに保険加入手続を取る必要があります。

　未加入のリスクとしては、未払い保険料の遡及支払が命じられる可能性、企業レピュテーションの低下等が考えられます。

〔加藤　佑子〕

3
人事

# 3 配転命令

## 質問

　当社は、東日本を中心に飲食店のチェーンを展開している会社です。最近、従業員に遠方への転勤を命じた場合に、家庭の事情などを訴えて転勤に困惑する者が増えてきたように思います。昔と異なり、夫婦共働きで、家族の単位が小さくなっている昨今、単身赴任は子育てに関する配偶者への負担が増え、家族で引っ越すことは配偶者の仕事の継続に問題が起きがちです。人事異動について、会社はどの程度の命令権があるのでしょうか。また、当社のような状況で何かよい対応策があれば教えてください。

## 回答

　今回は、飲食店チェーンを営む会社における配転命令に関するご相談です。

　まず、会社が労働者に対し遠方への事業所への配転命令権を有しているかが問題となりますが、就業規則において一般的な配置転換に関する規定が定められていれば、会社は労働者に対し包括的な配転命令権を有していると考えられます。

　もっとも、会社が労働者に対し配転命令権を有している場合でも、業務上の必要性がなく不当な動機・目的をもってなされた場合や、労働者に対し通常甘受すべき程度を著しく超える不利益を負わせるものである場合は権利濫用となり、配転命令は無効となります。

　次に、配転命令に困惑する社員への対応策ですが、まずは、会社が、配転命令の対象となっている社員に、より一層の経済的・人事的な配慮をすることが考えられます。長期的には、会社の人事制度につき、転勤を予定する社員コースと転勤を予定しない社員コースに分けるという方法も考えられます。

## ●●● 解説

### 1 配転命令権の根拠

　会社が労働者に対してどのような配置転換（以下「配転」といいます。）、つまり労働者の勤務地や所属部署の変更の命令をすることができるかは、

労働契約の内容によります。

　多くの会社では、就業規則において「業務の都合により出張、配置転換、転勤を命じることがある」などの一般条項が規定されていますので、会社は労働者に対し包括的な配転命令権を有していると考えられます。

　もっとも、このような就業規則の定めがある場合であっても、会社と労働者の間で勤務地を限定する合意があった、又は勤務の実態として配転がないことが想定されているような場合は、会社は労働者に対し包括的な配転命令権を有していないものと考えられます。

## 2 ┃ 配転命令権の制限

　会社が労働者に対し配転命令権を有している場合でも、①業務上の必要性がなく不当な動機・目的をもってなされた場合、また、業務上の必要性があったとしても、②労働者に対し通常甘受すべき程度を著しく超える不利益を負わせるものである場合は、権利濫用となり配転命令は無効となります（最判昭和61年7月14日労判477号6頁（東亜ペイント事件））。

　上記①の例としては、労働者を退職に追い込む目的で配転命令をする場合がこれに当たります。

　上記②の例としては、要介護状態にある老親や転居が困難な病気をもった家族を抱えその介護や世話をしている労働者や、本人が転勤困難な病気をもっている労働者に対する遠隔地への転勤命令が当たるとされます。他方、今回のご相談のような、共働きや子の教育等の事情で夫婦別居をもたらすような転勤命令は、従来は、業務上の必要が十分に認められ、労働者の家庭の事情に対する配慮をしているような場合には有効とされてきました[i]。

　もっとも、近年の社会状況の変化や、平成13年に改正された育児介護休業法で子の養育又は家族の介護状況に関する使用者の配慮義務も定めら

---

i　菅野和夫『労働法　第12版』（弘文堂、2019年）732頁

れたこと等もあり（同法26条）、会社は、労働者に対し、このような夫婦別居をもたらすような転勤命令を行う場合は、従来に比べて一層の配慮が求められるようになりました[ii]。

## 3 対応策

　会社が労働者を配置転換することは、同一の労働者を同一の営業所に長く配置することによる弊害を防止するという理由や、労働者に多くの職場を経験させるという労働者のキャリアアップの観点からも必要とされています。

　もっとも、多くの会社には、昨今の人手不足の影響でできるだけ労働者に長期間勤務してほしいというニーズがあるため、法的には配転命令が有効だとしても個別の労働者の要望に反してまで遠隔地への転勤を命令したくないという事情もあると思います。

　そこで、会社は、遠隔地への転勤命令を行うに際しどのような対策を講じることができるかが問題となります。

　まずは、会社が、業務上の必要性からこのような夫婦別居をもたらすような転勤命令を行う場合には、労働者に対しより一層の配慮をすることが考えられます。

　例えば、会社は、労働者が休日に転勤先から帰るための交通費を支給する、又は子育てに関する配偶者への負担が増えるような転勤の場合には一定の費用を支給する等の経済的な措置を講じることや、転勤期間を限定的なものにするといった措置をとることができます。

　次に、長期的には、会社の人事制度を再構築して、転勤を予定する社員コースと転勤を予定しない社員コースに分けて、労働者にいずれかを選択させるという方法が考えられます[iii]。このようなコース別の人事制度は、

---

[ii]　平成20年施行の労働契約法は、使用者による労働者の「仕事と生活の調和」（いわゆるワークライフバランス）への配慮に関しても定めています。

[iii]　前掲注 i 730頁

転勤を予定するコースを選択した社員には、転勤を予定しない勤務地限定の社員に比べて、より責任のある職位にキャリアアップしやすい制度とするのが一般的です。もっとも、近年では、女性の社会進出等の観点から、地域限定で責任のある職位に就ける制度（地域限定の総合職）を設ける会社もあるようです。

〔渡邉　宏毅〕

## ◆◆◆ 税務からのアプローチ ‖‖‖‖‖‖‖‖‖‖‖‖‖‖‖‖‖‖‖‖‖‖‖‖‖‖‖‖‖

【配置転換に関わる引っ越し費用等の税務上の取扱い】

### 1 会社が引越費用等を負担した場合

　会社が従業員に転勤を命じ、その転勤のための必要な費用を会社が負担した場合、その転勤に伴い従業員が受ける金銭について、転勤のための旅行に通常必要と認められるものは、所得税法上、非課税として取り扱われます。

　この場合の非課税となる金銭とは、転勤のための旅行に必要な運賃、宿泊料、移転料等の支出に充てるものとして支給される金銭のうち、その旅行の目的、目的地、行路、若しくは期間の長短、宿泊の要否、旅行者の職務内容及び地位等からみて、その旅行に通常必要とされる費用の支出に充てられると認められる範囲内の金銭のことです。その範囲内の金銭に該当するかどうかの判断にあたっては、次の事項を勘案して判定されます（所得税基本通達9－3）。

　①　その支給額が、その支給をする従業員等の全てを通じて適正なバランスが保たれている基準によって計算されたものであるかどうか。

　②　その支給額が、その支給をする従業員等と同業種、同規模の他の従業員等が一般的に支給している金額に照らして相当として認められるものであるかどうか。

転勤に通常必要であると認められる金額を超えて支給された部分については、給与等となりますので、源泉徴収が必要になります。

　また、転勤に伴い従業員に対して社宅や寮などを貸与する場合には、従業員から1か月当たり一定額の家賃（以下「賃貸料相当額」といいます。）以上を徴収していれば給与として課税されません。

　「賃貸料相当額」とは、次の①～③の合計額となります（所得税基本通達36−45、36−41）。

① 　その年度の建物の固定資産税の課税標準額×0.2%

② 　12円×（その建物の総床面積㎡/3.3㎡）

③ 　その年度の敷地の固定資産税の課税標準額×0.22%

　仮に従業員に無償で社宅等を貸与する場合には、この賃貸料相当額を給与として課税する必要があります。従業員から賃貸料相当額より低い家賃を受け取っている場合には、受け取っている家賃と賃貸料相当額との差額が、給与として課税されます。

　この場合でも、使用人から受け取っている家賃が、賃貸料相当額の50%以上であれば、受け取っている家賃と賃貸料相当額との差額は、給与として課税されません。例えば、賃貸料相当額が5万円の社宅を従業員に貸与した場合、従業員から3万円の家賃を受け取る場合には、賃貸料相当額である5万円の50%以上ですので、賃貸料相当額である差額の2万円は給与として課税されません（所得税基本通達36−47）。

　会社などが所有している社宅や寮などを貸与する場合に限らず、他からアパート等を借りて貸与する場合でも、上記の①から③を合計した金額が賃貸料相当額となります。

　転勤に伴い現金で支給される住宅手当や、入居者が直接賃貸借契約している場合の家賃の会社負担額は、給与として課税されます。

　この他、単身赴任の従業員が職務遂行上の理由から出張する場合に支給される旅費に関して、これに付随してその従業員が留守宅への帰宅のための旅行をした時であっても、その旅行の目的、行路等からみて、これら

の旅行が主として職務遂行上必要な旅行と認められ、かつ、その旅費の額が非課税とされる旅費の範囲を著しく逸脱しない限り、非課税とされます（国税庁直法6−7（例規）直所3−9「単身赴任者が職務上の旅行等を行った場合に支給される旅費の取扱いについて」）。非課税とされる旅費とは、その旅行の目的、目的地、行路若しくは期間の長短、宿泊の要否、旅行者の職務内容及び地位等からみて、その旅行に通常必要とされる費用とされます。

## 2 従業員が引越費用等を負担した場合

　従業員が転勤のために必要な費用を負担した場合には、「特定支出控除」という特例を利用できます。特定支出控除は、会社員の概算経費の控除である給与所得控除を超えた特定の支出を補うものです。

　この特例は、従業員が「特定支出」をした場合、その年の特定支出の額の合計額が、給与所得控除額×50％を超えるときに、会社に証明を受ければ、その超えた部分を所得金額から差し引くことができる制度です。「特定支出」とは、①通勤費、②転勤に伴う転居費、③職務の遂行に直接必要な研修費、④簿記や弁護士・税理士などの資格取得費、⑤単身赴任者の帰宅旅費、及び⑥職務の遂行に直接必要なものとして会社により証明がなされた支出（図書費や衣服費等）の6つの支出です（所法57条の2、所令167条の3）。この特定支出控除を受けるためには、確定申告を行う必要があります。

# 4 休職期間を満了した病気療養中の社員への対応

## 質問

　当社の入社2年目の社員が、病気療養のため休職しています。半年ほど前から休職に入っており、そろそろ就業規則に定めた休職期間の上限6か月になろうとしています。本人に病状を確認しましたが、まだ仕事をできるほど回復していないようで、休職期間が終わった後も復帰することは難しそうです。当社としては、いつ復帰できるかわからない状態でこのまま在籍させるのは、正直難しいと感じております。どのように対応するべきでしょうか。

## 回答

　療養のため休職している労働者の病気が、業務に起因するものなのか、業務に関係ない個人的理由によるものなのかによって、ご質問のようなケースにおいて使用者が取るべき対応は変わります。

　労働者が業務と関係なく罹患した病気の療養のために休職している場合、休職期間満了後も病気が治らず復職できないのであれば、基本的には退職・解雇等の対応を取ることになります。他方、病気が業務に起因するものである場合には、法律上原則として、その療養のため労働者が休業する間（及び休業後30日間）は、使用者がその労働者を解雇することは禁止されています。

## ●●● 解説 ‖‖‖‖‖‖‖‖‖‖‖‖‖‖‖‖‖‖‖‖‖‖‖‖‖‖‖‖‖‖‖‖‖‖‖‖‖‖‖‖‖‖‖‖‖‖

### 1 はじめに

　ご質問のようなケースでは、労働者の病気が業務とは関係なく個人的な理由によるもの（私傷病）なのか、業務に起因するもの（業務上の負傷・疾病）なのかによって、使用者が取るべき対応は変わります。

　私傷病の例としては、自宅で誤って転倒した際に大けがを負った場合や業務に起因せず何らかの疾病に罹患した場合などが挙げられます。これに対して、業務上の負傷・疾病としては、現場監督が業務中に工事現場で落

下物によって負傷した場合や、過重労働が原因で精神疾患に罹患した場合などが例として挙げられます。ちなみに、通勤途中の事故で負傷した場合、通勤災害として労災保険の給付対象にはなりますが、これは私傷病に分類されます。

## 2 私傷病の場合

　私傷病の療養のため就業規則に定められた休職制度を利用していた労働者が、休職期間の満了する時点で業務遂行できる程度に病状が回復しない場合には、労働契約を解消せざるを得ないと思われます。通常、就業規則には、次のような規定が置かれていることが多いですので、使用者はこうした定めに基づき退職・解雇の手続を進めることになります。

---

第○条　社員が次のいずれかに該当する場合は、退職とする。
- （略）
- 休職期間が満了し、なお休職事由が消滅しないとき

---

第○条　社員が次のいずれかに該当するときは、解雇することがある。
- （略）
- 精神又は身体の障害により業務に耐えられないとき

---

　ただし、私傷病による休職期間満了時に、その労働者が休職前に従事していた業務を完全に遂行できるほどまで回復していないとしても、使用者において可能な範囲で業務内容や時間を調整することで、少しずつ完全な復職が可能となる場合もあるかもしれません。このような場合、直ちに労働者を退職・解雇扱いとすることは、後に労働者からその有効性を争われる法的リスクを残すことになります。

　休職している労働者の病状や本人の希望にもよりますので、使用者としては、労働者本人や産業医等と相談しながら、退職・解雇とすることが適切なのか、段階的に復職させることが可能なのか、判断することになります。

　労働者が業務に起因する負傷・疾病の療養のため休業している場合、使用者は休業期間中及びその後の30日間はその労働者を解雇することができません（労基法19条1項前段）。よって、業務上の負傷・疾病を理由に休職制度を利用している労働者が、制度上の休職期間（ご質問の場合6か月間）満了後も復職できないとしても、使用者が労働契約を解消することはできません。

　ただし、使用者の解雇制限には例外[i]が定められています（労基法19条1項ただし書）。すなわち、使用者が労基法に基づく療養補償を当該労働者に支払っているとき、又は、当該労働者が労災保険の療養補償給付を受けているとき[ii]で、3年が経過しても労働者の負傷・疾病が治らないときには、使用者が平均賃金1200日分を支払うことで、解雇することができます。

　以上のとおり、業務に起因する負傷・疾病の療養のため休業している労働者については、法が定める例外に当たらない限り、使用者側から労働契約を終了させることはできません。業務中の事故などが原因の負傷・疾病は業務災害であることが明確ですが、使用者として判断が難しいのは、特に労働者が精神疾患等に罹患している場合と思われます。業務に起因するのか否かを判断するには、労働者の精神疾患等発症前の業務実態を分析することが必要となりますので、顧問弁護士等の専門家に相談いただくとよいでしょう。

〔加藤　佑子〕

---

i　労基法19条1項ただし書には例外が2つ明記されており、本文記載のもののほか、「天災事変その他やむを得ない事由のために事業の継続が不可能となった場合」があります。

ii　最判平成27年6月8日民集69巻4号1047号、平成27年6月9日基発0609第4号参照。

# 5 定年制の導入について

### 質問

　私は、二代目経営者で、父の代からの従業員もいる中で、労働面に関する規程等も整備していきたいと思っております。労働基準監督署に提出していた形だけの就業規則ではなく、実際に従業員も納得する生きた就業規則にしたいと思います。60歳を超えている従業員もいる中で、きちんと従業員も納得するような定年の年齢の設定の留意点などがありましたら、ご指導お願いいたします。

　また、就業規則で定年の年齢を設定した結果、従業員の年齢が定年を超えていたり、定年直前になっていたりした場合に、不利益改定のようにならないか心配です。

### 回答

　本件は、定年制の導入についてのご相談です。

　就業規則を改正して定年制を設けたいということですが、まず、定年制を設ける際には、定年が60歳を下回らないようにする、65歳未満の定年を定める場合には65歳までの雇用を確保するための措置を講じる必要があります。

　次に、本会社は今まで定年制が存在していなかったことから、就業規則を変更して定年制を設けることは、就業規則の不利益変更にあたります。

　したがいまして、会社は、就業規則の変更について従業員の同意を得る、または適正な手続きを経た上で合理的な変更である場合に、有効に定年制の導入をすることができます。

●●● 解説 ‖‖‖‖‖‖‖‖‖‖‖‖‖‖‖‖‖‖‖‖‖‖‖‖‖‖‖‖‖‖‖‖‖‖‖‖‖‖‖‖‖‖‖‖‖‖‖‖‖‖‖‖‖‖‖‖‖‖‖‖‖‖‖‖‖

## 1 定年制

　定年制とは、労働者が一定の年齢に達したときに労働契約が終了する制度をいいます[i]。

　定年制は、一定年齢の到達のみをもって労働契約を終了する制度ですが、我が国の雇用慣行として定着し、法的にも有効と考えられています。

---

[i]　菅野和夫『労働法　第12版』（弘文堂、2019年）755頁

3

人事

定年年齢自体は、かつては55歳が主流でしたが、1970年代から60歳定年制が主流となっています。現在では、定年年齢や60歳の場合でも高年齢者雇用安定法により65歳までの雇用確保措置が義務付けられています。

## 2 高年齢者雇用安定法（以下「高年法」）

　高年法は、継続雇用制度の導入等による高年齢者の安定した雇用の確保の促進、高年齢者等の再就職の促進等を目的とした法律です。

　高年法は、定年に関して、(1) 定年を定める場合には60歳を下回ることができない旨（同法8条）を定め、また、(2) 65歳未満の定年を定めている会社には65歳までの雇用を確保するため、①定年の引き上げ、②現に雇用している高年齢者が希望するときは当該高年齢者をその定年後も引き続いて雇用する制度（以下「継続雇用制度」といいます。）の導入、または、③定年の定めの廃止、のいずれかの措置を導入するよう求めています（同法9条）。

　上記②の継続雇用制度とは、①～③のうち実務上最も多くとられている措置で[ii]、継続雇用を希望する労働者全員を、原則として65歳まで雇用するための措置のことをいいます[iii]。

　ただし、心身の故障のため業務に堪えられないと認められること、勤務状況が著しく不良で引き続き従業員としての職責を果たし得ないこと等就業規則に定める解雇事由又は退職事由（年齢に係るものを除きます。）に該当する場合には、継続雇用しないことができます。

　また、継続雇用を希望する高齢者が雇用される企業の範囲には同一グループに属する会社も含まれます。

　ところで、近年、継続雇用措置となった期間の定めのある労働者の賃金と正社員との賃金の差異が同一労働同一賃金との関係等から問題となるこ

---

ii　水町勇一郎『労働法　第7版』（有斐閣、2018年）196頁

iii　一定の要件の下、経過措置として、老齢厚生年金の報酬比例部分の支給開始年齢以上の年齢の者について継続雇用制度の対象者を限定する基準を定めることが認められています（2025年まで）。

とがあります（最高裁令和5年7月20日判決等）。継続雇用の労働者に対する減額の幅が大きすぎると違法と判断されることもありますのでご留意ください。

　なお、近年の高年法の改正により、70歳までの就業機会確保が会社の「努力」義務とされております。

## 3 就業規則の不利益変更

　定年制の存在しなかった会社において、就業規則を変更して定年制を設けることは、就業規則の不利益変更にあたります。

　会社が、就業規則の不利益変更を行う場合には、定年制の導入につき従業員との合意を得る（労働契約法9条）、または、変更後の就業規則を従業員に周知した上で合理的な内容の変更にする必要があります（労働契約法10条）。

　本件についてみますと、本会社では、すでに60歳を超える従業員もいるようです。

　60歳を超えた従業員にとっては、定年がなく将来も働けると思っていたところ、就業規則が変更され定年が設定されますと、すでに定年を超えてしまったり、または近い将来に定年となり当てにしていた賃金がもらえない等により、将来の不利益が生じることとなります。

　そこで、会社は、就業規則の変更による定年制の導入につき、定年制を設けることによりすでに定年に達している、または近い将来に定年に達する従業員については、当該従業員だけは変更後の就業規則の定年制の効力が及ばないという合意をしたり、または特別な定年年齢を定めるという方法をとることが考えられます。

　また、当該従業員にも例外なく定年制を適用させたい場合には、少なくとも退職金の上積みをする等の相応の代償措置を講じる必要があると考えられます。

〔渡邉　宏毅〕

# 6 労使慣行

## 質問

　当社にも就業規則はあるのですが、最近見返してみると、就業規則の定めとはかなり異なった労使慣行が長年にわたり定着しております。もし、この状態で労使間トラブルが発生した場合、「就業規則」と「労使慣行」のどちらが優先されるのでしょうか。ご教授ください。

## 回答

　労使慣行とは、労働条件などについて、労働契約・就業規則・労働協約等の規定に基づかない取扱いが長期間にわたり反復継続して行われ、労使双方の事実上のルールとなっているものをいいます。

　就業規則の定めと異なる労使慣行が存在する場合、その慣行に労働契約内容としての法的効力が認められれば、労使は就業規則の定めではなくその慣行に従う必要があります。ただし、裁判実務では、労使慣行の法的効力は個別具体的に判断されており、また、実際に労使慣行に労働契約内容としての法的効力が認められることは限定的といえます。

　したがって、就業規則と労使慣行のどちらが優先されるべきかについては、専門家の判断を仰ぐのが適切でしょう。

　なお、労使関係を規律する成文規定には就業規則のほか労働協約などもありますが、以下ではご質問に沿い、就業規則との関係に焦点を絞ってご説明します。

## ●●● 解説

### 1 労使慣行とは

(1)　労使慣行とは、労働条件、職場規律、施設管理などについて、就業規則の規定に基づかない取扱いが長期間にわたり反復継続して行われ、使用者と労働者の双方にとって事実上のルールとなっているものをいいます。

　　実務上、労使慣行が法的に機能する場面は次の3つに類型化でき

ます[i]。

## ① 労働契約の内容となって法的効力を持つ場合

労働条件等に関する労使慣行が、「就業規則の定めと異なる」又は「就業規則に定められていない」としても、一定の場合には、労働契約の内容となり得ます。

## ② 使用者の権利行使を無効とする効果を持つ場合

使用者が、例えば長年にわたり黙認放置してきた従業員の規律違反行為について、その慣行に反し懲戒権などを行使したとしても、慣行に反する権利行使は権利濫用として無効と評価される可能性があります。

## ③ 就業規則の解釈基準として法的効力を持つ場合

労使慣行が就業規則の不明確な規定を具体化し、解釈基準として機能することで、法的効力が認められることがあります。

(2) 本質問では就業規則の定めとは異なった労使慣行の効力が問題となっています。この問題は、上記(1)のうち、労使慣行が労働契約内容として法的効力を持つ場合（①）に関するものと思われますので、以下では労働契約内容としての法的効力について解説します。

## 2 | 労使慣行が労働契約内容として法的効力を持つ場合について

### (1) 労使慣行が労働契約内容となるための要件

裁判実務で、労使慣行に労働契約内容としての法的効力が認められるには、次の3要件を充たす必要があると考えられています[ii]。

① 問題となっている慣行（同種の行為又は事実）が一定の範囲において長期間反復継続して行われていたこと

② 労使双方が明示的にその慣行によることを排除・排斥していないこと

③ その慣行が労使双方の規範意識によって支えられていること（特に、使用者側においては、当該事項について決定権限又は裁量権限

---

i 菅野和夫『労働法 第12版』（弘文堂、2019年） 167頁等参照
ii 大阪高判平成5年6月25日労判679号32頁

を有している者がその慣行を規範として意識し、それに従ってきたことを要する。）

（2）　**就業規則を下回る労使慣行の効力**

就業規則の定めを下回る労使慣行は、就業規則の最低基準効（労契法12条）に反するため無効です。

（3）　**法的効力が認められる労使慣行の変更破棄**

労使慣行に労働契約内容としての法的効力が認められる場合に、就業規則によって当該慣行を変更破棄する際は、就業規則の合理的変更（労契法9条〜11条）によって変更破棄することになります。

## 3 ┃ 本設問のような就業規則の定めと異なる労使慣行の法的効力

本質問では、就業規則の定めとかなり異なった労使慣行が存在する場合、労使間トラブル発生時に就業規則と労使慣行のいずれが優先されるのかが問題となっています。

このように、就業規則に矛盾抵触し、就業規則によって定められた事項を改廃するのと同じ結果をもたらす労使慣行については、当該慣行に就業規則に優越する効力を認めることとなるため、上記2（1）の3要件を充足するか否かを厳格に判断すべきと考えられています。すなわち、そのような慣行に労働契約の内容としての法的効力を認めるためには、その慣行が相当長期間、相当多数回にわたって広く反復継続し、その慣行を使用者が規範と明確に意識して従ってきたことが要求されます。

このようなことからも、就業規則の定めと異なる労使慣行に労働契約内容としての法的効力が認められることは限定的といえます。したがって、本質問のようなケースで、就業規則より労使慣行が優先されることは多くはないと思われます。しかし、問題となっている労使慣行の法的効力は労使双方の具体的取扱い等に照らして個別に検討判断されるべき事項ですので、何らかのトラブルが生じる前に専門家へ相談し、必要に応じて就業規則を改定するなどルールを明確にしておくことが適切と思われます。

〔加藤　佑子〕

# 7 副業について

## 質問

　最近、就業規則から副業・兼業禁止の規定を外す企業が増えてきているという話を聞きました。週休二日制をほぼ徹底し、今後は残業時間も減らしていこうとしているわが社でも、生活費を確保するために副業・兼業をしたいという社員のニーズがあるかもしれません。副業・兼業禁止規定を外した場合のメリット・デメリットと法律関係について教えてください。

## 回答

　副業・兼業のメリットとしては、従業員の所得増加、スキル向上、人脈形成、優秀な人材の獲得や流出の防止等を、デメリットとしては、長時間労働の助長、情報漏えいリスク、人材流出、競業や利益相反のリスク等を挙げることができます。

　副業・兼業については、厚生労働省が「働き方改革実行計画」を踏まえ、企業も労働者も安心して副業・兼業を行えるよう環境整備を行っています[i]。以下では、労働法の観点から整理すべき法律関係として、労働時間管理と割増賃金、社会保険・雇用保険・労災保険について説明いたします。

●●● 解説 ‖‖‖‖‖‖‖‖‖‖‖‖‖‖‖‖‖‖‖‖‖‖‖‖‖‖‖‖‖‖‖‖‖‖‖‖‖‖‖‖‖‖‖‖‖‖‖‖‖‖‖‖‖‖

## 1 副業・兼業を容認することのメリット・デメリット

### (1) 副業・兼業に対する社会的関心の高まり

　ご質問にあるとおり、最近は副業や兼業に対する関心が高まっており、一部の企業では副業・兼業を推進しています。政府も、副業・兼業がオープンイノベーションや起業の手段として有効である等の理由から、普及促進を図っています。

---

i　厚生労働省「副業・兼業の促進に関するガイドライン」（令和4年7月8日改定版）

## (2) 副業・兼業のメリット

副業・兼業のメリットとして主に、従業員の所得増加、スキル向上、人脈形成、優秀な人材の獲得や流出の防止等が挙げられます。

スキル向上や人脈形成は具体的には、本業の会社内で得ることが難しい知識能力や人脈を副業・兼業先において得ることで、本業の労働生産性向上や業務拡大につながる可能性があります。優秀な人材の獲得や流出の防止とは、副業・兼業を認めることで優秀な自社の社員が退職せずに済み本業にとどまりやすくなりますし、また、優れた能力を有する人材を他社と雇用シェアすることも可能となります。

## (3) 副業・兼業のデメリット

主なデメリットとしては、長時間労働の助長、情報漏えいリスク、人材流出、競業や利益相反のリスク等が挙げられます。

複数企業で勤務することによって業務量が増え、また、労働時間管理が一元的に行われないことによって長時間労働が助長される恐れがあります。長時間労働によって心身に疲労を来し、本業での集中力の欠如を招いたり、従業員の健康障害発生リスクを高めたりすることが考えられます。さらに、副業・兼業先が同業他社等である場合には、情報漏えいリスクや競業・利益相反のリスクも生じ得ます。加えて、前記(2)で述べたことと矛盾するようですが、副業・兼業先をより魅力と感じた従業員が転職するなど、人材流出を誘発することもあり得ます。

## 2 │ 副業・兼業に関連する法律関係

副業・兼業に関わる法的問題には様々なものが考えられますが、本稿では、労働時間管理と割増賃金、社会保険・雇用保険・労災保険に絡む法律関係について説明いたします。

## (1) 労働時間管理と割増賃金

副業・兼業を認められた従業員が複数の会社で勤務する場合、その従業員の労働時間は通算することになっています（労基法38条1項、昭和23

年５月14日基発第769号）[ii]。他の会社での労働時間は、従業員から申告等してもらって把握します。

　問題は、三六協定等時間外労働に係る法所定の手続をとり、割増賃金を負担すべきは、Ａ社とＢ社のいずれかという点です。この点については、原則的な労働時間管理の方法[iii]として、次のように扱うこととされています。

　まず、所定労働時間についてですが、自社の所定労働時間と副業・兼業先の所定労働時間を通算して、時間外労働となる部分があるかを確認します。この際、通算は労働契約を締結した時間的な先後で行い、通算した結果、法定労働時間を超える部分がある場合は、その超えた部分が時間外労働となります（下記例）。そして、後に労働契約を締結した企業が三六協定で定めるところによってその時間外労働を行わせ、割増賃金も支払います。

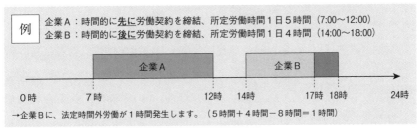

（引用：厚生労働省「副業・兼業の促進に関するガイドラインわかりやすい解説」p15）

　次に、所定外労働時間については、所定外労働が実際に行われる順に通算します（契約締結の先後の順で通算していた所定労働時間とは、計算順序が異なります。）。通算した結果、法定労働時間を超える部分がある場合は、その部分が時間外労働となり、そのうち自社で労働させた時間について、自社の三六協定の延長時間の範囲内とするとともに、割増賃金を支

ii　副業・兼業の内容によっては通算されません。フリーランスや起業など労基法が適用されない場合や、農業など労基法は適用されるが労働時間規制が適用されない場合です。

iii　その他、簡便な労働時間管理の方法として「管理モデル」という枠組みを導入することも考えられます。「管理モデル」の内容や導入方法について、前掲注 i 「副業・兼業の促進に関するガイドライン」や「副業・兼業の促進に関するガイドラインわかりやすい解説」をご参照ください。

払う必要があります。iv

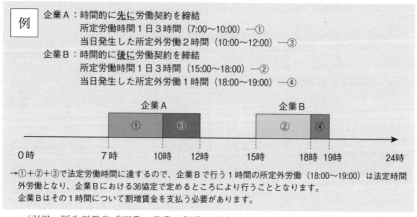

例
企業A：時間的に先に労働契約を締結
　　　　所定労働時間1日3時間（7:00〜10:00）—①
　　　　当日発生した所定外労働2時間（10:00〜12:00）—③
企業B：時間的に後に労働契約を締結
　　　　所定労働時間1日3時間（15:00〜18:00）—②
　　　　当日発生した所定外労働1時間（18:00〜19:00）—④

→①+②+③で法定労働時間に達するので、企業Bで行う1時間の所定外労働（18:00〜19:00）は法定時間外労働となり、企業Bにおける36協定で定めるところにより行うこととなります。
企業Bはその1時間について割増賃金を支払う必要があります。

（引用：厚生労働省「副業・兼業の促進に関するガイドラインわかりやすい解説」p20）

## （2）社会保険・雇用保険・労災保険

### ア　社会保険

　社会保険（厚生年金保険及び健康保険）の適用要件は、会社毎に判断します。ですので、複数の会社に雇用されている労働者が、いずれでも適用要件を満たさない場合に、複数の会社での労働時間等を合算して適用要件を満たしていても、適用されません。

　他方、複数の会社で適用要件を満たす場合には、労働者はいずれかの会社の管轄の年金事務所及び医療保険者を選択する必要があります。そして、選択された年金事務所及び医療保険者が、各会社の賃金を合算して保険料を決定し、各会社が、賃金比率をもとに按分された保険料を当該年金事務所及び医療保険者へ納付することになります。

### イ　雇用保険

　雇用保険は、原則として、適用事業に雇用される労働者が被保険者となります。ただし、同一の会社で①労働時間が週20時間未満である者、

---

iv　労働時間の上限規制に関する労働時間の通算について、「副業・兼業の促進に関するガイドラインわかりやすい解説」17頁をご参照ください。

②継続して31日以上雇用されることが見込まれない者については、原則として適用除外とされています。

　まず、複数の会社で勤務している労働者が、それぞれの会社において被保険者要件を満たす場合、その労働者が生計を維持するに必要な主たる賃金を受ける会社においてのみ被保険者となります。

　他方、複数の会社で勤務する労働者が、各会社では適用要件を満たさない場合には、原則として、複数の会社の労働時間を合算することはありません。ただし、法が改正され<sup>ⅴ</sup>、2022年４月１日より、65歳以上の労働者本人の申出があった場合、一つの会社では被保険者要件を満たさなくても、複数の会社の労働時間を合算して要件を満たせば雇用保険を適用することができるようになりました。

ウ　労災保険

　会社は、労働者が副業・兼業をしているかどうかにかかわらず、労働者を１人でも雇用していれば、労災保険の加入手続をしなければなりません。

　労災が発生した場合に労働者へ給付される休業補償等について、2020年９月の法改正前は、複数の会社に雇用されている労働者であっても、労災が発生した会社から支払われている賃金のみをもとに算定されていました。それが法改正により、複数の会社で働く労働者については、各会社で支払われている賃金額を合算したうえで、休業補償等の額が算定されることとなりました。同時に、長時間労働等による過労障害・過労死事案では、各会社での業務上の負荷を総合的に評価のうえ、労災認定が行われることになりました。

　なお、本業から副業・兼業、副業・兼業から本業へ向かう途中の交通事故等は、合理的経路・方法上で生じ、かつ、その逸脱・中断がなければ、通勤災害として労災保険給付の対象となります。そして、この場合

---

ⅴ　「雇用保険法等の一部を改正する法律」（令和２年法律第14号）

の労災保険の処理は、終点となる会社（本業から副業先への移動途中の災害であれば、副業先）の保険関係で行うものとされています[vi]。

〔加藤　佑子〕

# ◆◆◆ 税務からのアプローチ

【副業・兼業の税務上の取扱い】

## 1 2か所以上から給与をもらっている場合

　給与所得者の場合、基本的には給与支払者が行う年末調整により年間の所得が確定します。しかし、以下のような給与所得者は、確定申告を行わなければなりません（所得税法第121条、所得税法施行令262の2、所得税法基本通達121−2）。

(1)　給与の年間収入金額が2,000万円を超える人

(2)　1か所から給与の支払を受けている人で、給与所得および退職所得以外の所得の金額の合計額が20万円を超える人

(3)　2か所以上から給与の支払を受けている人のうち、給与の全部が源泉徴収の対象となる場合において、年末調整されなかった給与の収入金額と給与所得および退職所得以外の所得金額との合計額が20万円を超える人

(4)　同族会社の役員などで、その同族会社から貸付金の利子や資産の賃貸料などを受け取っている人

(5)　源泉徴収義務のない者から給与等の支払を受けている人

　副業により主たる給与以外にも給与収入がある人は、その給与が20万円を超える場合には確定申告をしなければならないということになります。具体的には、それぞれの給与支払者から交付される源泉徴収票を元に確

---

vi　平成18年3月31日基発0331042号

定申告をします。

## 2 | 副業の収入が事業所得・雑所得になる場合

　副業による収入が給与所得ではなく、事業所得や雑所得に該当する人もいます。また、副業として稼いだお金で手取りの収入を増やすというよりは、主たる給与を得るうえでも役立つような、事業所得の経費と区分が難しい支出も事業所得の必要経費とすることで、事業所得を赤字にして、給与所得と損益通算し、節税を狙うといった副業の事例も見られたところです。事業所得であれば、その赤字はそのまま給与所得と損益通算されますが、雑所得の赤字は、切り捨てられ、損益通算できないため、事業所得を選択したいという事情がありました。そのため、国税庁では、事業所得と雑所得の区分に関して、次に掲げるような所得は、事業所得又は山林所得と認められるものを除き、業務に係る雑所得に該当すると基本通達の中で定めました（所得税基本通達35-2）。

(1) 動産（法第26条第1項《不動産所得》に規定する船舶及び航空機を除く。）の貸付けによる所得

(2) 工業所有権の使用料（専用実施権の設定等により一時に受ける対価を含む。）に係る所得

(3) 温泉を利用する権利の設定による所得

(4) 原稿、さし絵、作曲、レコードの吹き込み若しくはデザインの報酬、放送謝金、著作権の使用料又は講演料等に係る所得

(5) 採石権、鉱業権の貸付けによる所得

(6) 金銭の貸付けによる所得

(7) 営利を目的として継続的に行う資産の譲渡から生ずる所得

(8) 保有期間が5年以内の山林の伐採又は譲渡による所得

(注) 事業所得と認められるかどうかは、その所得を得るための活動が、社会通念上事業と称するに至る程度で行っているかどうかで判定する。

　なお、その所得に係る取引を記録した帳簿書類の保存がない場合（その所得に係る収入金額が300万円を超え、かつ、事業所得と認められる

事実がある場合を除く。）には、業務に係る雑所得（資産（山林を除く。）の譲渡から生ずる所得については、譲渡所得又はその他雑所得）に該当することに留意する。

したがって、①収入金額が300万円を超えて、かつ、事業所得と認められる事実がある場合、②収入金額は300万円以下でも帳簿書類の保存があって事業所得と認められる事実がある場合、には事業所得として確定申告をし、それでない場合には、雑所得として確定申告をするようになります。とはいえ、「事業所得と認められる事実がある」か否かが曖昧であり、上記の通達でも「事業所得と認められるかどうかは、その所得を得るための活動が、社会通念上事業と称するに至る程度で行っているかどうかで判定する」とされています。

これに関し、最判昭和56年4月24日では、「事業所得とは、自己の計算と危険において独立して営まれ、営利性、有償性を有し、かつ反復継続して遂行する意思と社会的地位とが客観的に認められる業務から生ずる所得」と判示しています。また、上記通達について「雑所得の範囲の取扱いに関する所得税基本通達の解説」として公開されている国税庁の解説では次のような図解がなされています[i]。

(参考) 事業所得と業務に係る雑所得等の区分 (イメージ)

| 収入金額 | 記帳・帳簿書類の保存あり | 記帳・帳簿書類の保存なし |
|---|---|---|
| 300万円超 | 概ね事業所得(注) | 概ね業務にかかる雑所得 |
| 300万円以下 | | 業務に係る雑所得<br>※資産の譲渡は譲渡所得・その他雑所得 |

(注) 次のような場合には、事業と認められるかどうかを個別に判断することとなります。
① その所得の収入金額が僅少と認められる場合
② その所得を得る活動に営利性が認められない場合

こうした情報を参考にしつつ、副業の収入が事業所得に該当するか、雑所得に該当するかを検討し、適正な確定申告をしていくことが望まれます。

---

i　https://www.nta.go.jp/law/tsutatsu/kihon/shotoku/kaisei/221007/pdf/02.pdf

# 8 労働関係記録の保存

**質問**

労働関係の記録の保存期間を教えてください。

**回答**

会社が作成する労働関係の記録については、労使間の紛争解決や行政監督上の必要から、会社において一定期間保存することが法律上義務付けられているものがあります。

例えば、労働基準法（労基法）では、労働者名簿、賃金台帳、雇入・退職（解雇を含む）に関する書類、災害補償に関する書類、賃金その他労働関係に関する重要な書類について、5年間（当分の間は3年間）の保存義務が定められています。また、労基法以外の法律でも種々の労働関係の記録保存義務が課されています。

各書類の記録の詳細については解説をご覧ください。

●●● 解説 ‖‖‖‖‖‖‖‖‖‖‖‖‖‖‖‖‖‖‖‖‖‖‖‖‖‖‖‖‖‖‖‖‖‖‖‖‖‖‖‖‖‖‖‖‖‖‖‖‖‖‖‖‖‖‖‖‖‖

## 1 労働関係記録の保存義務について

会社が労働者を雇用した際に作成する記録には様々なものがあります。そして、法律上作成が義務付けられているものについては、記録保存義務も併せて法律に定められていることが少なくありません。

例えば、労基法には労働関係に関する記録保存義務について「使用者は、労働者名簿、賃金台帳及び雇入れ、解雇、災害補償、賃金その他労働関係に関する重要な書類を五年間保存しなければならない。」（109条）のような規定があります[i]。なお、この規定の「五年間」は当分の間は「三

---

[i] このほか、労基法施行規則にも記録の保存期間に関する定めがあります。例えば三六協定に記載する限度時間を超えて労働させる労働者に対する健康確保措置等の実施状況に関する記録を、三六協定の有効期間満了後5年間（当分の間は3年間）保存すること（労基法施行規則17条2項、72条）。

年間」とすることとされています（143条１項）。保存義務違反に対しては、罰則規定も設けられています[ii]。

　労基法が企業に記録保存義務を課す趣旨は、労働者の権利関係や労働関係に関する紛争を解決するため、行政監督上の必要があるためとされています[iii]。

## 2 ｜ 労基法109条が５年間（当分の間３年間）保存すべきと定める記録とその起算点

### (1) 労働者名簿

　使用者は、日々雇入れられる労働者以外の全ての労働者について、事業場ごとに労働者名簿を作成しなければなりません（労基法107条）。労働者名簿には、氏名、生年月日、履歴のほか、性別、住所、従事する業務の種類[iv]、雇入れ年月日、退職年月日とその事由、死亡年月日及びその原因を記入することとされています（労基法施行規則53条１項）。

　起算点は労働者の死亡、退職又は解雇の日です（労基法施行規則56条１項１号）。

### (2) 賃金台帳

　使用者は、事業場ごとに賃金台帳を作成し、全ての労働者について労働者ごとに記載しなければなりません（労基法108条）。賃金台帳に記載すべき事項は、①氏名、②性別、③賃金計算期間、④労働日数、⑤労働時間数、⑥時間外・休日・深夜労働時間数、⑦基本給・手当その他賃金の種類ごとにその額、⑧賃金の一部を控除した場合はその額とされています（労基法施行規則54条１項）。

---

[ii]　労基法120条１号　30万円以下の罰金

[iii]　厚生労働省労働基準局編「令和３年版労働基準法　下（労働法コンメンタール３）」（労務行政、2022年）1121頁

[iv]　「従事する業務の種類」は、常時30人未満の労働者を使用する事業においては記入する必要がありません（労基法施行規則53条２項）。

起算点は、最後の記入をした日です（労基法施行規則56条1項2号）。なお、賃金台帳に係る賃金支払期日が「最後の記入をした日」より遅い場合、当該支払期日が起算日となります（労基法施行規則56条2項）。

### ⑶ 雇入・退職（解雇を含む）に関する書類

使用者は、労働者を雇い入れる際、労働条件を明示する書面を交付しなければなりません（労基法15条1項）。雇入時に労働者へ明示したこうした書面等が、雇入に関する書類として挙げられます。また、解雇に関するものとしては、解雇の際に使用者側で作成した資料、労働者へ交付した通知書等が考えられます。

起算点は、労働者の退職又は死亡の日です（労基法施行規則56条1項3号）。

### ⑷ 災害補償に関する書類

労働者が労働災害に遭った場合、使用者は療養補償、休業補償、障害補償、遺族補償等することが義務付けられており（労基法75条等）、これらに関する資料を保存しておく必要があります。

起算点は、災害補償を終了した日です（労基法施行規則56条1項4号）。

### ⑸ 賃金その他労働関係に関する重要な書類

賃金に関する書類とは、労働の対象として使用者が労働者に支払った全てのものに関する書類がこれに該当します。その他労働関係に関する重要な書類としては、例えば、出勤簿・タイムカード等の記録、残業命令書・その報告書、労使協定の協定書等が挙げられます。

起算点は、その完結の日です（労基法施行規則56条1項5号）。なお、賃金に関係する書類に係る賃金支払期日が「その完結の日」より遅い場合、当該支払期日が起算日となります（労基法施行規則56条2項）。

## 3 ┃ その他保存すべき記録とその期間

前記2の労基法上に定められた記録保存義務のほか、使用者に課せられた主な労働関係記録保存義務として次のものが挙げられます。

・**健康保険に関する書類**

完結の日から２年間（健康保険法施行規則34条）

・**厚生年金に関する書類**

完結の日から２年間（厚生年金保険法施行規則28条）

・**雇用保険に関する書類**

被保険者に関するもの

完結の日から４年間（雇用保険法施行規則143条）

上記以外

完結の日から２年間（雇用保険法施行規則143条）

・**労災保険に関する書類**

完結の日から３年間（労災保険法施行規則51条）

・**労働保険の徴収、納付等の関係書類**

完結の日から３年間（一部については４年間）（労働保険の保険料の徴収等に関する法律施行規則72条）

・**健康診断結果**

作成日から５年間（労働安全衛生法施行規則51条）

・**身元保証書**

法律上特に保存義務は定められていませんが、少なくとも有効期間中（最長５年間（身元保証法１条２条））は保存することが望ましいと思われます。

〔加藤　佑子〕

# 9 従業員が持ち逃げをして 行方不明になった場合の対応策

**質問**

　当社は飲食業のチェーン店を営んでいます。先日、ある店の従業員が一日の売上金（45万円）を持ち逃げする事件がありました。本人は行方不明です。刑事手続、民事手続として会社が行っていくべき手続、及び本人との雇用関係や持ち逃げされた金銭を回収する上で注意する点などについてご教授ください。また、採用時に保証人を求めることはこうした事故の防止に役立つでしょうか。

**回答**

　今回は、従業員が売上を持ち逃げして行方不明になったというご相談です。

　まず、刑事手続ですが、当該従業員が一日の売上金を持ち逃げした行為は、刑法上の犯罪ですので、会社は、当該従業員の処罰を求める場合、警察に被害届を出し捜査に協力することとなります。

　次に、民事手続に関しては、会社と当該従業員との雇用契約の終了の問題と、持ち逃げされた金銭の回収の問題があります。

　会社と当該従業員の雇用契約の終了に関しては、就業規則の規定が重要となります。

　会社の就業規則に、ある一定の日数にわたり無断欠勤が続いた場合に雇用関係は自動的に終了する旨の規定があれば特に問題はありませんが、このような規定がない場合には、当該従業員に解雇を通知して雇用契約を終了しなくてはなりません。

　行方不明になっている当該従業員とどうしても連絡がとれなければ、解雇を通知する方法は簡易裁判所を介した公示による意思表示となります。

　また、会社が持ち逃げされた金銭の回収を図る場合、当該従業員が持ち逃げした金銭を任意に返還しない場合は、判決等の債務名義を取得し強制執行をしなくてはならないため手続のコストがかかります。

　最後に、従業員が会社に損害を与えるような場合に備えて、会社は従業員の親族等と身元保証契約を結んでおくと、身元保証人に対し一定の損害賠償金の負担を求めることができる場合があります。

**3**

人事

## ●●● 解説 ||||||||||||||||||||||||||||||||||||||||||||||||||||||||||||||||||||||||||||||||||||||

### 1 | 刑事手続

　まず、当該従業員が売上金（45万円）を持ち逃げした行為は、刑法上の横領又は窃盗に当たります。

　会社は、当該従業員に刑事罰を求める場合は、警察に被害届を出し、捜査に協力することとなります。

### 2 | 民事手続

#### (1)　雇用契約の終了

　会社としては、当該従業員との雇用契約を終了する必要がありますが、どのように雇用関係を終了させるかについては、就業規則の規定を確認すべきです。

　もし、会社の就業規則に、ある一定の日数にわたり無断欠勤が続いた場合に雇用関係は自動的に終了する旨の規定があれば、会社は解雇の措置をとることなく当該従業員との雇用契約を終了させることができます。

　一方、無断欠勤が続いたこと等により雇用関係が自動的に終了する旨の規定がない場合、会社は雇用契約を終了させるためには当該従業員を解雇するしかありません。

　もっとも、会社による解雇の意思表示が当該従業員に到達しなければ解雇の効力は発生しないところ、当該従業員が行方不明であるため、どのようにして解雇を通知するかが問題となります。

　メール等の手段により連絡がとれる状況にあればメール等により解雇を通知すれば解雇の効力は生じますが、もし当該従業員と連絡をとる何の手段もないようでしたら、最終的には、公示による意思表示（民法98条）によらざるを得ません。

　公示による意思表示を行う場合は、簡易裁判所で所定の手続を行わなければならないなど手続上のコストがかかります。

このような場合に備えるためには、就業規則に、一定の日数にわたり無断欠勤等が続いた場合には雇用関係は自動的に終了する旨の規定を設けておくべきと思われます。

### (2)　持ち逃げされた金銭の回収

また、会社は、当該従業員から、持ち逃げされた45万円をどのようにして回収するかという問題があります。

当該従業員は行方不明ということですので、任意に返還してもらうことはあまり期待できません。

任意に返還してもらえないとなると、会社は、原則として、訴訟を提起し、判決を取得した上で強制執行をすることとなります。

持ち逃げされた金銭は45万円ですので、通常の訴訟と比べて簡易な手続である少額訴訟という手続を利用できます（原則として1回の期日で審理を終えて判決がなされます。）。

もっとも、訴訟を提起するとなると、当該従業員は行方不明であることから訴状等の送達方法は公示送達によらざるを得ない可能性があることや、仮に勝訴判決を取得しても当該従業員の財産に対して強制執行できなければ現実的な金銭の回収はできないこと等から、得られる利益に比してコストがかかることは否めません。

## 3 ┃ 身元保証契約

会社は、従業員の親族等を身元保証人として身元保証契約を結んでおくと、従業員が会社に損害を与えた場合に、身元保証人に対し、一定程度の損害賠償責任を負担させることができます。

この点に関し、身元保証法[i]は、身元保証契約に一定の制約を定めております。

例えば、身元保証契約は5年を超えることはできません（ただし更新す

---

i　身元保証ニ関スル法律

ることはできます。）（同法2条）。

　また、裁判所は、身元保証人の損害賠償責任を判断する際に、当該従業員の監督に関する使用者の過失の有無、身元保証人が身元保証をすることになった事由、当該従業員の任務又は身上の変化その他一切の事情を考慮します（同法5条）。

　したがいまして、身元保証契約を結んだとしても、会社は、身元保証人に対し、必ずしも損害額全額の請求を求めることができる訳ではありません。

〔渡邉　宏毅〕

# 第 **4** 章

・

# ハラスメント

　多くの会社が従業員からの相談窓口を設置しているところ、その窓口へ寄せられる最も多い相談内容が人間関係・ハラスメント問題と言われております。例えば長時間残業問題の背景にパワーハラスメントがしばしば存在するなど、ハラスメント問題と他の労務問題とが併発しているケースも多く見られます。

　本章では、会社がハラスメント問題に対して事前・事後にどのような対応をすればよいかを中心にご説明します。

# 1 セクハラが起きた場合の対応策

## 質問

　セクハラが起きた場合の会社の対応策を教えてください。労働基準監督署に行けばよいのでしょうか。訴えられた従業員に対し、会社はどのように対応すればよいのでしょうか。また、セクハラに対する言動の基準はあるのでしょうか。何をもってセクハラと認定し、加害者、被害者の従業員に対して、会社はどのように行動していくべきか、解説をお願いいたします。

## 回答

　今回は、セクシュアルハラスメント（以下「セクハラ」といいます。）に関するご相談です。

　まず、セクハラの定義ですが、一般的に、「職場において行われる労働者の意に反する性的な言動により、労働者が労働条件について不利益を受けたり、就業環境が害されること」と理解されています。そのため、セクハラに当たるかどうかは、行為者の言動だけではなく相手方の受け止め方にもよることとなります。

　次に、職場でセクハラが起きた場合の事業主の対応ですが、事業主は、速やかに、当事者、及び目撃者等の第三者から事情を聴取し、セクハラの事実があったと判断できる場合には、被害者に対し配慮のための措置を講じ、加害者に対し相応の処分を課し、かつ再発防止策を講じるべきです。

　また、これらの措置を講じる際には関係者のプライバシーの保護に配慮すべきです。

　なお、セクハラは、私法上は、一般不法行為法理の中で加害者と事業者の責任が問われるものです。労働基準監督署が、セクハラの問題に関し、事業主からの相談により、積極的に介入するといったことは考えにくいため、まずは会社内での解決を図るべきと思われます。

## ●●● 解説 ||||||||||||||||||||||||||||||||||||||||||||||||||||||||||||||||||||||||||||||||||||||||||||||||||||||||||||||

### 1 セクハラの定義

　まず、セクハラという用語は、一般的に、「職場において行われる労働

者の意に反する性的な言動により、労働者が労働条件について不利益を受けたり、就業環境が害されること」と理解されています。

セクハラの例として、性的な冗談を言う、必要もなく身体に触ったりする、食事やデートに執拗に誘う、性的関係を強要する、露出が多い等目のやり場に困る服装をするといったものが挙げられます。

相手方の意に反する性的言動がセクハラに当たることとなるため、同一の行為でも、相手方の受け止め方によってセクハラに当たる場合もあれば当たらない場合もあります。

また、セクハラは、職場において行われる性的な言動（性的関係の強要、腰・胸等に触る等）に対する労働者の対応により当該労働者が解雇、降格、減給、不利益配転等、労働条件につき不利益を受ける「対価型」のセクハラと、性的な言動（腰・胸等に触る、当該労働者に対する性的な情報の流布、ヌードポスターの掲示等）により労働者の就業環境（苦痛、就業意欲の低下、仕事が手につかない等）が害される「環境型」のセクハラに分類されることもあります（厚生労働省の指針[i]（以下「本指針」といいます。））。

## 2 │ セクハラが起きた場合の対応

事業主は、職場でセクハラがあった場合にどのように対応すればよいのでしょうか。

男女雇用機会均等法及び本指針[ii]によれば、事業主は、下記の措置を講ずべきとされています。

①事案に係る事実関係を迅速かつ正確に確認すること

被害者と行為者の双方から事実関係について聴取する必要がありますが、もし被害者と行為者との間で事実関係に関する主張に不一致がある場合には、第三者からも事実関係を聴取すること等が必要と考えられます。

---

[i] 「事業主が職場における性的な言動に起因する問題に関して雇用管理上講ずべき措置等についての指針」（平成18年厚生労働省告示第615号）

[ii] 本指針は2020年に改定されハラスメント対策は強化されました。

②職場におけるセクハラが生じた事実が確認できた場合においては、速やかに被害者に対する配慮のための措置を適正に行うこと

　被害者と行為者を引き離すための配置転換、行為者の謝罪、被害者の労働条件上の不利益の回復、被害者のメンタルヘルスへの相談対応等が考えられます。

③職場におけるセクハラが生じた事実が確認できた場合においては、行為者に対する措置を適正に行うこと

　行為者に対しては就業規則に基づき事案の内容に応じ懲戒処分等の人事処分、行為者の謝罪等の措置を行うことが考えられます。

④職場におけるセクハラに関する方針を周知・啓発する等の再発防止に向けた措置を講ずること

　社内でセクハラを行った者は厳正に処分するといった方針を定めて周知したり、社内での研修を開催すること等の措置が考えられます。

　また、本指針によれば、事業主は、上記の①〜③の措置と併せて、相談者・行為者等のプライバシーを保護するために必要な措置を講ずるとともに、その旨を労働者に対して周知すること、と定められています。

## 3 ┃ 損害賠償責任

　セクハラを受けた被害者（労働者）は、加害者本人に対しては一般不法行為責任（民法709条）により、事業主に対しては使用者責任（民法715条）、または安全配慮義務違反（民法415条）により損害賠償を請求できる場合があります。

## 4 ┃ その他

　ところで、ご相談の内容として「労働基準監督署に行けばよいのでしょうか。」とのご質問もありました。

　セクハラは、私法上は、一般不法行為法理の中で加害者と事業者の責任が問われるものです。労働基準監督署が、セクハラの問題に関し、事業主

からの相談により調査を行う等積極的に介入するといったことは考えにくいため、まずは会社内での解決を図るべきと思われます。

〔渡邉　宏毅〕

**質問**

　顧問税理士と話をした際に、他社のセクハラ事件のことを聞きビックリしました。セクハラ防止措置に関する行政指針があり、それを怠っていた会社が社内のセクハラ被害について損害賠償責任を負ったようです。最近は、セクハラやパワハラだけでなくマタハラといったハラスメントにも注意が必要だそうですが、最低限どのような対応が必要でしょうか。

**回答**

　セクハラを始めとするハラスメント事件では、多くの場合、加害労働者の不法行為責任が問題となり、その責任が認められる場合に会社の使用者責任も問われることになります。ただ、ご質問のように、ハラスメント被害への会社の対応自体に違法性がある場合には、そのことをもって会社の被害労働者に対する損害賠償責任が肯定されます。

　職場におけるハラスメント問題は、職場環境を悪化させ、人材的損失を生み、会社のレピュテーションを低下させるなど、会社経営に大きな影響を及ぼします。会社においては、こうした問題が生じないよう、ハラスメント行為があってはならないことを社内に周知する等の予防的対応を講じる必要があります。また、もしも問題が発生した場合には、決して見て見ぬふりをせず、迅速な事実確認、被害労働者に対する配慮措置等、適切な事後的対応を取ることが求められます。

●●● **解説** ‖‖‖‖‖‖‖‖‖‖‖‖‖‖‖‖‖‖‖‖‖‖‖‖‖‖‖‖‖‖‖‖‖‖‖‖‖‖‖‖‖‖‖‖‖‖‖‖‖‖‖‖‖‖‖‖

## 1 ハラスメント被害に対する会社の法的責任

　職場において発生したハラスメント被害については、加害労働者だけでなく会社も法的責任を負うことになります。ハラスメント被害の法的責任は、被害労働者が加害労働者や会社に対して慰謝料等の損害賠償請求権を行使する場面で問題となることが多いと言えます。

法的責任の具体的内容は、加害労働者の被害労働者に対する名誉感情等を侵害する不法行為責任（民法709条）、加害労働者に同責任が認められる場合に会社が負う使用者責任（民法715条）、会社の被害労働者に対する労働契約上の安全配慮義務違反の責任（労働契約法5条）等です。

　ハラスメント問題が裁判等になるケースでは、多くの場合、被害労働者が加害労働者と会社の両方に対して責任追及しているようですが、中には、被害労働者が会社の対応自体に違法性があったとして会社の責任だけを問うケースも存在しています（大阪高判平成25年12月20日労判1090号21頁、結論として会社の責任を肯定）。

　ハラスメント問題が紛争化した場合、職場環境に与える影響や会社のレピュテーションに与える影響は決して小さくありませんので、会社においては、日頃からハラスメント被害が生じないよう予防的な対応をとること、被害が発生した際には適切な事後対応を取ることがとても重要です。

## 2 会社が最低限とるべき対応策（セクハラを例に）

　ハラスメントには、セクハラ、パワハラ、マタハラ等がありますが、ここではまず、一例としてセクハラの対応策についてご説明致します。

　男女雇用機会均等法は会社がセクハラ防止のため必要な措置を講じなければならないと定め（11条1項）、措置の具体的内容は厚生労働省の指針にまとめられています（平成18年厚生労働省告示第615号）。会社が取るべき措置の概要は次のとおりです。

### (1) 会社の方針の明確化及びその周知・啓発

ア　職場におけるセクハラがあってはならない旨の方針を明確化し、管理監督者を含む労働者に周知・啓発すること。

〈措置の具体例〉

　○就業規則等、職場の服務規律を定めた文書に方針を策定し、併せてセクハラの内容及び性別役割分担意識に基づく言動がセクハラを発生させ得ることを、労働者に周知・啓発すること。

○社内報や社内ホームページ等に、セクハラの内容及び性別役割分担意識に基づく言動がセクハラを発生させ得ること並びに職場におけるセクハラがあってはならない旨の方針を記載し、配布等すること。

○セクハラの内容及び性別役割分担意識に基づく言動がセクハラを発生させ得ること並びに職場におけるセクハラがあってはならない旨の方針を労働者に対して周知・啓発するための、定期的な研修や講習を実施すること。

イ　職場におけるセクハラの行為者については、厳正に対処する旨の方針・対処の内容を就業規則等の文書に規定し、管理監督者を含む労働者に周知・啓発すること。

〈措置の具体例〉

○就業規則等、職場の服務規律を定めた文書に、職場におけるセクハラを行った者に対する懲戒規定を定め、その内容を労働者に周知・啓発すること。

○職場におけるセクハラを行った者は、現行の就業規則等に定められている懲戒規定の適用対象となる旨を明確化し、これを労働者に周知・啓発すること。

**(2)　相談（苦情を含む）に応じ、適切に対応するために必要な体制の整備**

ア　相談窓口をあらかじめ定め、労働者に周知すること。

〈措置の具体例〉

○相談の対応担当者をあらかじめ定めること。

○相談に対応するための制度を設けること。

○外部機関に相談対応を委託すること。

イ　相談窓口担当者が、内容や状況に応じ適切に対応できるようにすること、また、セクハラが現実に生じている場合だけでなく、発生のおそれがある場合や、セクハラに該当するか否か微妙な場合であっても、広く相談に対応すること。

〈措置の具体例〉

○相談窓口の担当者が相談を受けた場合、内容や状況に応じて人事部
門と連携を測れる仕組みとすること。

○相談窓口の担当者が相談を受けた場合、あらかじめ作成したマニュア
ルに基づき対応すること。

○相談窓口の担当者に対し、相談を受けた場合の対応について研修を行
うこと。

(3) **職場におけるセクハラに係る事後の迅速かつ適切な対応**

ア 事案に係る事実関係を迅速かつ正確に確認すること[i]。

〈措置の具体例〉

○相談窓口担当者、人事部門又は専門の委員会等が、相談を行った労
働者（相談者）及び行為者の双方から事実関係を確認すること。その
際、相談者の心身の状況や当該言動が行われた際の受けとめなどその
認識にも適切に配慮すること。また、相談者と行為者との間で事実関
係の主張が一致せず、事実確認が十分にできない場合には、第三者
からも事実関係を聴取する等の措置を講じること。

○事実関係を迅速かつ正確に確認しようとしたが、確認が困難な場合な
どにおいて、中立な第三者機関に紛争処理を委ねること[ii]。

イ 職場におけるセクハラが生じた事実が確認できた場合は、速やかに被
害を受けた労働者（被害者）に対する配慮措置を適正に行うこと。

〈措置の具体例〉

○被害者と行為者の関係改善に向けての援助、被害者と行為者を引き離
すための配置転換、行為者の謝罪、被害者の労働条件上の不利益の
回復、管理監督者又は事業場内産業保健スタッフ等による被害者のメ
ンタルヘルス不調への相談対応等の措置を講ずること。

---

i セクハラ行為者が、他社の労働者・役員である場合には、必要に応じて、他社に事実関
係の確認への協力を求めることも含まれます。

ii 男女雇用機会均等法18条に基づく調停が例として挙げられます。

○中立な第三者機関の紛争解決案に従った措置を被害者に対して講ずること。

ウ　職場におけるセクハラが生じた事実が確認できた場合は、行為者に対する措置を適正に行うこと。

〈措置の具体例〉

○就業規則等に基づき、行為者に対して必要な懲戒処分等の措置を講ずること。併せて、被害者と行為者の関係改善に向けての援助、被害者と行為者を引き離すための配置転換、行為者の謝罪等の措置を講ずること。

○中立な第三者機関の紛争解決案に従った措置を行為者に対して講ずること。

エ　改めて職場におけるセクハラに関する方針を周知・啓発する等の再発防止措置を講ずること[iii]（職場におけるセクハラが生じた事実が確認できなかった場合も同様の措置を講ずること）

〈措置の具体例〉

○職場におけるセクハラを行ってはならない旨の方針及び職場におけるセクハラを行った者について厳正に対処する旨の方針を、社内報等広報又は啓発のための資料等に改めて掲載し、配布等すること。

○労働者に対して職場におけるセクハラに関する意識を啓発するための研修、講習等を改めて実施すること。

(4)　**上記(1)～(3)と併せて講ずべき措置**

ア　相談者・行為者等のプライバシーを保護するために必要な措置を講じ、周知すること。

イ　相談したこと、事実関係の確認等に協力したこと、都道府県労働局に対して相談、紛争解決の援助の求め若しくは調停の申請を行ったこと又

---

[iii]　セクハラ行為者が、他社の労働者・役員である場合には、必要に応じて、他社に再発防止措置への協力を求めることも含まれます。

は調停の出頭の求めに応じたことを理由として解雇その他不利益な取り扱いをされない旨を定め、労働者に周知・啓発すること。

## 3 | パワハラ、マタハラ等への対応

　パワハラに関しては、いわゆるパワハラ防止法[iv]が防止措置を講ずることを会社に義務付けています。また、妊娠・出産・育児休業・介護休業等に関するハラスメントについては、男女雇用機会均等法、育児・介護休業法が、防止措置を講じることを会社に義務付けています。なお、育児休業や介護休業等に関しては男性従業員もハラスメント被害者になり得ます。

　パワハラ、マタハラ等の防止措置の具体的内容は、セクハラと同様に厚生労働省の指針に定められています[v]。指針の内容はセクハラに関する指針と重なる点もあり、セクハラ対応策と併用できる部分も多いと思われます。

〔加藤　佑子〕

4
ハラスメント

---

iv　労働施策総合推進法

v　パワハラについて、「事業主が職場における優越的な関係を背景とした言動に起因する問題に関して雇用管理上講ずべき措置等についての指針」（令和2年厚生労働省告示第5号）、マタハラ等について、「事業主が職場における妊娠、出産等に関する言動に起因する問題に関して雇用管理上講ずべき措置等についての指針」（平成28年厚生労働省告示第312号）、「子の養育又は家族の介護を行い、又は行うこととなる労働者の職業生活と家庭生活との両立が図られるようにするために事業主が講ずべき措置等に関する指針」（平成21年厚生労働省告示第509号）

# 3 パワーハラスメントについて

## 質問

　労働環境を一層整備していくべき世相の中、一部の社員の横暴な言動により、ブラック企業と見られたくありません。パワーハラスメントが行われた場合、どういった法に触れるのでしょうか。法人、個人の両方に責任があるように思いますが、どのように理解したらよいのでしょうか。また、パワーハラスメントに関して、どのような規定を就業規則に盛り込むべきでしょうか。

## 回答

　職場でパワーハラスメントが行われた場合、被害労働者との関係では、加害労働者や企業の民事上の損害賠償責任が問題となります。また、パワーハラスメントによって被害労働者が精神疾患を発症したり、それが原因で自死したりした場合には、労災保険の業務上災害と認定される可能性もあります。

　こうした職場のパワーハラスメントは被害労働者に深刻な損害を与え、また、職場環境を悪化させてしまう行為です。2020年6月からパワハラ防止法[i]も施行されており、企業としては、パワーハラスメントを許さないとの姿勢を明確にし、パワーハラスメント行為の禁止規定や行為者に適用する罰則等のルールを就業規則や関連規程に明記して労働者へ周知することが、パワーハラスメントを防止するうえで重要となります。

## ●●● 解説

### 1 | パワーハラスメントとは何か

　パワハラ防止法は、職場のパワーハラスメントについて、「職場において行われる優越的な関係を背景とした言動であって、業務上必要かつ相当な範囲を超えたものによりその雇用する労働者の就業環境が害されるこ

---

i　労働施策総合推進法。なお、中小企業へは2022年4月から適用されています。

と」と定義しています（30条の２第１項）。つまり、以下の３つの要素を全て満たすものが、職場におけるパワーハラスメントに当たります。

① 優越的な関係を背景とした言動
② 業務上必要かつ相当な範囲を超えたもの
③ 労働者の就業環境が害されるもの

客観的にみて、業務上必要であり相当な範囲で行われる適正な業務指示や指導は、職場におけるパワーハラスメントに該当しません。

そして、行政指針[ii]の中で、パワーハラスメントの代表的な行為類型は次の６つに整理されています。なお、これらは代表的な類型であり限定列挙ではありません。

i. 身体的な攻撃（暴行・傷害）
ii. 精神的な攻撃（脅迫・名誉棄損・侮辱・ひどい暴言）
iii. 人間関係からの切り離し（隔離・仲間外し・無視）
iv. 過大な要求（業務上明らかに不要なことや遂行不可能なことの強制、仕事の妨害）
v. 過小な要求（業務上の合理性なく、能力や経験とかけ離れた程度の低い仕事を命じることや仕事を与えないこと）
vi. 個の侵害（私的なことに過度に立ち入ること）

パワーハラスメントは、職務上の地位の優位性を背景にした上司から部下への行為を指すことが一般的です。しかし、同僚間や部下から上司への行為であっても、行為者が業務上必要な知識や豊富な経験を有しており、その者の協力を得なければ業務の円滑な遂行が困難となる場合には、同僚や部下の言動もパワーハラスメントに当たり得ると考えられています。

**4**

**ハラスメント**

---

ii 厚生労働省「事業主が職場における優越的な関係を背景とした言動に起因する問題に関して雇用管理上講ずべき措置等についての指針」（令和２年厚生労働省告示第５号）

## 2 | パワーハラスメントによって生じる法的問題

　職場におけるパワーハラスメントに関する法的な責任は、加害労働者の被害労働者に対する身体、人格権等を侵害する不法行為責任（民法709条）や、企業の被害労働者に対する安全配慮義務違反による債務不履行責任（民法415条）として問題となります。前者の不法行為責任については、加害労働者の責任が認められれば、企業も使用者責任（民法715条）を問われることになります。そして、加害労働者や企業の上記責任が認められる場合には、加害労働者や企業は、被害労働者側に生じた損害[iii]を賠償する義務を負うことになります。

　また、企業に対する直接の責任追及ではありませんが、パワーハラスメントによって精神障害を発症したり、発症後に自死したりした場合に、被害労働者やその遺族が労働基準監督署へ労災申請をし、業務上の災害と認定されるケースも少なくありません。

## 3 | 企業に求められる対応

　パワーハラスメントを防止するため、企業に求められる対応は以下のとおりです[iv]。

（1）　**事業主の方針の明確化及びその周知・啓発**

ア　パワーハラスメントの内容、パワーハラスメントを行ってはならない
　　旨の方針を明確化し、管理監督者を含む労働者に周知・啓発すること。

イ　パワーハラスメントの行為者については、厳正に対処する旨の方針・
　　対処の内容を就業規則等の文書に規定し、管理監督者を含む労働者に
　　周知・啓発すること。

（2）　**相談（苦情を含む）に応じ、適切に対応するために必要な体制の**

---

iii　具体的には、パワーハラスメントによって生じた精神的損害に対する慰謝料、精神障害
　　を発症した場合の治療費や休業損害、精神障害を発症して自死した場合の死亡損害等が
　　被害労働者側から請求され得ます。

iv　前掲行政指針

**整備**

ア　相談窓口をあらかじめ定め、労働者に周知すること。

イ　相談窓口担当者が、内容や状況に応じ適切に対応できるようにすること。パワーハラスメントが現実に生じている場合だけでなく、発生のおそれがある場合や、パワーハラスメントに該当するか否か微妙な場合であっても、広く相談に対応すること。

⑶　**職場におけるパワーハラスメントへの事後の迅速かつ適切な対応**

ア　事実関係を迅速かつ正確に確認すること。

イ　事実関係の確認ができた場合には、速やかに被害者に対する配慮のための措置を適正に行うこと。

ウ　事実関係の確認ができた場合には、行為者に対する措置を適正に行うこと。

エ　再発防止に向けた措置を講ずること。

⑷　⑴～⑶に**併せて講ずべき措置**

ア　相談者・行為者等のプライバシーを保護するために必要な措置を講じ、労働者に周知すること。

イ　事業主に相談したこと、事実関係の確認に協力したこと、都道府県労働局の援助制度を利用したこと等を理由として、解雇その他不利益な取扱いをされない旨を定め、労働者に周知・啓発すること。

## 4 ｜ パワーハラスメント防止ルールの規定例

　パワーハラスメントを防止するために、労働者にとってわかりやすい具体的な内容のルールを定め、就業規則に盛り込んだり、就業規則の下位規程ᵛを策定したりすることが考えられます。

　就業規則等に定める項目としては、次のようなものが挙げられます。

---

ｖ　パワーハラスメント防止のための下位規程を策定する際は、就業規則に委任の根拠規定を定める必要があります（根拠規程例「パワーハラスメントについては、パワーハラスメント防止規程により別に定める。」等）。

- 職場におけるパワーハラスメントの定義
- パワーハラスメント行為の禁止規定
- 禁止行為を行った場合の懲戒規定（処分条件、処分内容）
- 相談及び苦情への対応方針（申告者を不利益取扱いしない等）
- 再発防止義務（企業が再発防止措置を講じる等）

〔加藤　佑子〕

第 **5** 章

企業秩序・懲戒

　昨今、会社の従業員がSNSに会社の評判を毀損するような動画や記事を投稿したといった、従業員の不適切な行為がしばしば報道されています。

　従来は社内の問題で終わったはずの従業員の不適切な行為が、現在では会社の命運にかかわるようなケースも出てきており、会社はこうした事態も踏まえ企業秩序をどのように維持すべきか考えていく必要があります。

　本章では、企業秩序の維持及び違反者に対する処分についてご説明します。

# 1 従業員の懲戒処分

## 質問

　素行が目に余る従業員がいます。当社は、懲戒処分について就業規則で定めていないのですが、懲戒処分を行うことはできますでしょうか?

## 回答

　使用者が従業員へ懲戒処分を行うためには、従業員のどのような行為が懲戒事由に当たりうるのか、また、使用者はどのような内容の懲戒処分を為しうるのかを、就業規則に定めておく必要があります。

　また、ご質問の会社が早急に就業規則を変更して懲戒規定を設けたとしても、規定を設ける前に従業員がした行為について、会社が遡及的に懲戒権を行使することはできません。

　さらに、就業規則に懲戒処分の根拠規定がある場合でも、使用者が従業員に対して行った懲戒処分は、客観的理由や相当性を欠く場合、使用者が懲戒権を濫用したものとして無効とされます。

　なお、以下では、ご質問の会社が、就業規則作成義務のある使用者(常時10人以上の従業員を雇用する使用者)であると想定して解説いたします。

## ●●● 解説

### 1 使用者が懲戒処分を行いうる法的根拠

　懲戒処分とは、使用者が行う、企業秩序を侵害した従業員に対する制裁としての労働関係上の不利益処分です。

　独立対等な契約関係にある使用者と従業員との間で、一方当事者から他方当事者へ制裁を科すことが許される法的根拠については、いくつかの考え方があります。この点について、一般的には、「使用者は企業の存立・運営に不可欠な企業秩序を定立し維持する権限を本来的に有し、労働者は労働契約の性質・内容上当然に企業秩序遵守義務を負う」が、企業秩序

違反者に対する懲戒処分は、使用者が労働契約上行いうる通常の手段（普通解雇、配転、損害賠償請求等）とは別個の特別の制裁罰であるから、「特別な制裁罰を実施したければ、その事由と手段とを就業規則において明記し、契約関係の規範として樹立すること（就業規則への明記と周知、労契法7条参照）を要する」と解されています[i]。

　つまり、使用者は、懲戒処分の事由や手段を就業規則に明記して初めて懲戒権を行使できると考えられています。法が、常時10人以上の従業員を雇用する使用者が制裁の制度を設ける場合には、その種類等について就業規則に定めなければならないと定めているのも、このような趣旨によるものと言えます（労基法89条9号）。

## 2 ┃ 懲戒の手段と事由

### (1) 懲戒の手段

　主な懲戒の手段として、けん責、減給、降格、出勤停止、懲戒解雇が挙げられます。

　上記のうち、けん責は、始末書を提出させて将来を戒める処分で、実質的不利益は課しませんが、人事考課において不利に考慮することがあります。

　減給については、法が減給できる額の上限を定めています。すなわち、1回の額が平均賃金の1日分の半額を超えてはならないうえ、総額が一賃金支払期における賃金の総額の10分の1を超えてはならないとされています（労基法91条）。

　降格については、役職を引き下げる降格をするのか等、降格処分の内容を就業規則に明記しておく必要があります。また、出勤停止の期間も、何日以内とするのかを就業規則に定めます。

　懲戒処分の中で最も厳しいものが懲戒解雇であり、通常は解雇予告手当の支払もなく即時に為されます。なお、即時解雇する場合には、あらかじ

---

i　菅野和夫『労働法　第12版』（弘文堂、2019年）702頁以下

め所轄の労働基準監督署長に解雇予告除外認定の申請をし、その認定を受ける必要があります（労基法20条）。

### (2) 懲戒の事由

懲戒事由の一般的かつ主要な内容として、「経歴詐称」、「職務懈怠」、「業務命令違背」、「業務妨害」、「職場規律違反」、「従業員たる地位・身分による規律の違反」が挙げられます[ii]。

上記は、あくまで一般的かつ主要な懲戒事由ですが、実際に懲戒事由を定める際には具体的に明記する必要があります。実務では、20項目以上の懲戒事由を定める就業規則も見受けられます。

## 3 | 懲戒処分の有効性

使用者が従業員に対して行った懲戒処分については、その処分が従業員の行為の性質及び態様その他の事情に照らし、客観的な理由を欠き、社会通念上相当でない場合には、使用者が懲戒権を濫用したものとして無効とされます（労契法15条）。以下、この点について若干の補足説明をいたします。

まず、懲戒処分の定めが設けられる前に従業員がした行為について、遡及的に懲戒規定を適用することや、同一の行為について複数回懲戒処分を行うことはできません。

次に、従業員のした問題の行為が、懲戒の事由に当たると言えるかどうかがポイントとなります。例えば、会社の業務命令に従わなかったことを理由に何らかの懲戒処分を行おうとする場合、その前提として、従業員に対する会社の業務命令が適法・有効と言えなければなりません。そして、仮に会社の業務命令が適法・有効だとしても、それに従業員が従わなかったことにやむを得ない事情があったのかを検討した上で、従業員の業務命令違背行為が懲戒事由に該当するか否か判断する必要があります。

---

[ii] 菅野和夫『労働法　第12版』（弘文堂、2019年）707頁以下

さらに、問題の行為が懲戒事由に当たるとしても、処分内容が重すぎる場合や、処分に際して必要な手続（例えば本人へ弁明の機会を与える等）を経ていない場合には、懲戒権の濫用となり、懲戒処分の有効性は否定されます。

〔加藤　佑子〕

## ◆■■ 税務からのアプローチ

### 【従業員の懲戒処分と退職関連の給付】

　従業員を懲戒解雇した場合、退職金の支払や、退職金に代わる諸制度での取扱いはどのようになるでしょうか。税務の観点から、退職金ないしそれに関連した給付制度と懲戒解雇との関連について整理します。

### 1 退職金の支給

　退職金には、長年会社に寄与してくれたことへの功労報償的な性質もありますが、給与の後払い分であるという性質も持っていると解釈されています。したがって、懲戒解雇になれば、直ちに退職金を受け取る権利（支払う義務）が消滅するとは限らないと考えられています。少なくとも就業規則等で、どのような懲戒解雇の場合には、退職金は支給しないのかについて明記があることが必要とされます。判例の中には、「退職金の全額を失わせるような懲戒解雇事由とは、労働者の過去の労働に対する評価を全て抹消させてしまう程の著しい不信行為があった場合でなければならないと解するのが相当である」（東京地判平成6年6月28日労判655号17頁）としたものもあります。また、当然ながら、懲戒解雇に至る手続が公正なものとしなければなりません。

　それでは、中小企業退職金共済制度（以下「中退共」といいます。）や確定拠出型年金など退職金制度に類する制度では、どのように取り扱われる

のでしょうか。これらの制度では、従業員が勤務している期間を通じて、少しずつ退職時に備えた資金の拠出を行い、その拠出金の一部又は全部が損金算入できる点が共通しています。

## 2 各種の退職金に関連した給付制度

### (1) 中退共

中退共は、事業主が退職金共済契約を結び、毎月の掛金を中退共に納付します。毎月の掛金は、全額損金算入（個人事業主の場合、必要経費処理）でき、従業員が退職したときは、その従業員に中退共から退職金が直接支払われる制度です。支払われる退職金は、毎月の掛金と加入月数に応じた基本退職金と運用収入による付加退職金の合計額となります。企業としては、従業員の退職金に備える資金を損金算入しながら蓄えることができ、支給時の負担をなくすことができる制度です。

中退共制度によって支払われる退職金（分割払いも選択できるが、一時金払いによるものに限ります。）は税法上「退職手当等」とみなされ、他の所得と区分して課税されます。分割払いによる支払分は、雑所得として、課税されます。

中退共の契約をしている企業で、加入させている従業員を懲戒解雇したような場合、所定の手続をして、中退共に手続することで退職金の減額ができます。ただし、重要なことは、退職金が減額された場合、その減額分は共済制度における長期加入者の退職金支払財源に振り向けられ、事業主には返ってこないということです。多くの場合、退職金規程の中で、支給額の一部が中退共から支給される旨が規定されているはずなので、いったん懲戒解雇された従業員に支払われた中退共からの退職金について、退職金は支給されないこととなった以上返却を求めるという請求もできるかもしれません。しかし、そもそも懲戒解雇された従業員は、資産状況が不良だったり、所在がつかめないなど返却を求めても戻らないことも多いと思われます。したがって、「盗人に追い銭」的な結果になることを中退共の

デメリットと考える経営者もいると言われています。

## ⑵　生命保険（養老保険）

　従業員の退職金支給に備えた生命保険に加入することで従業員の退職金の支払に備えるということもできます。一般に養老保険（福利厚生プラン）と呼ばれる生命保険のタイプで、保険料の1/2を損金に算入できるという税制上のメリットがあります。「福利厚生プラン」では、死亡保険金の受取人を従業員（被保険者）の遺族、満期保険金の受取人を会社（法人）に設定します。この結果、万一、従業員が事故や病気で亡くなることがあれば、遺族に保険金が支払われるので、死亡退職金として機能します。また、中途退職、定年退職をする際には、その時点でその従業員分の保険契約を解約することで、解約返戻金が会社に支払われることになり、そのキャッシュを会社が支払う退職金に充てることができます。この保険は、福利厚生目的なので、一定の条件をみたす従業員の全員を被保険者にする必要があります。幹部社員だけといった加入の仕方は認められないことに留意が必要です。

　養老保険であれば、解約返戻金は、会社に対して支払われます。懲戒解雇があった場合には、当該従業員の生命保険契約を解約することで、過去からの払込保険料に応じて、解約返戻金が会社に支払われますので、当該従業員に退職金を全額又は一部支払う、あるいはまったく支払わないという判断を会社が行う余地があります。

## ⑶　確定拠出年金（401k）

　確定拠出年金は、退職金制度ではありません。かつての企業年金制度は、将来受け取れる年金の額がある程度約束されている「確定給付」企業年金でした。しかし、低金利が続く中、確定給付企業年金を維持するためには、掛金の額を多くする必要があり、掛金を支払う企業側の負担が大きくなるという欠点がありました。これに対して、確定拠出年金は、企業や加入者が毎月一定額の掛金を拠出して、自分で運用方法を指定します。掛金の額が決まっているので、「確定拠出」年金で、掛金を企業や個人で積

5

企業秩序・懲戒

み立てて、運用して得られる給付金が将来的に自分の年金になるというものです。

　確定拠出年金は、転職等をしても、過去の積立残高を次の職場の確定拠出年金として移行でき、次の職場が確定拠出年金に加入していなければ、個人型確定拠出年金（iDeCoという愛称）として続けることができます。企業としては個人の掛金分を拠出するだけなので、懲戒解雇するような従業員であっても掛金の返還はありませんし、拠出した掛金の返却を従業員に求めることもできません。

## 3 ｜ まとめ

　そもそも従業員の懲戒解雇というのは、極めて稀な事象であり、懲戒解雇があった場合にどうなるのか？ということに比重を置いて、各種の退職金関連の制度を検討するのは本末転倒ではあります。しかし、経営者が中退共をある種の貯蓄のようなものだと考えていると、懲戒解雇をした際に、思わぬ結果に驚くことになります。こうした状況も知りながら、退職金制度、年金制度を幅広く検討していくとよいでしょう。

# 2 従業員のSNSへの書き込み

## 質問

　当社の若手営業社員が、SNS（ソーシャル・ネットワーキング・サービス）に熱中しており、勤務中にもSNSへ書き込みを行っていました。上司から注意を受け、事務所内での書き込みはやめたものの、休憩中はもちろん外回りの営業中にもSNSを行っています。その営業社員の営業成績は最近芳しくなく、また情報漏えいの心配もあります。スマートフォンは私物であり、勤務時間外の書き込みもあるのですが、当社としてどこまで、SNS利用や書き込み内容などを規制できるでしょうか？

## 回答

　本件は、従業員のSNSへの書き込みに関するご相談です。

　会社は、主に２つの観点から、従業員のSNSへの書き込みを規制することができます。

　まず、会社も心配されているところですが、会社は、営業秘密の漏洩防止、会社の名誉・信用の毀損防止等の観点から、従業員がSNSで会社の情報を書き込むことを規制することができます。この場合は勤務時間の内外を問わず、SNSへの書き込みを制限することができます。

　次に、従業員には、会社の職務に専念する義務（以下「職務専念義務」といいます。）があります。会社は、従業員がSNSに熱中するあまり職務専念義務を果たしていないような場合には、従業員の職務専念義務の観点から、このような態様のSNSの書き込みを制限することができます。会社が職務専念義務を理由に、従業員がSNSへ書き込むことを制限する場合は、SNSを制限する時間は勤務時間中に限られます。

## ●●● 解説 ‖‖‖‖‖‖‖‖‖‖‖‖‖‖‖‖‖‖‖‖‖‖‖‖‖‖‖‖‖‖‖‖‖‖‖‖‖‖‖‖‖‖‖‖‖‖

### 1 従業員のSNSへの書き込み

　会社は、主に2つの観点から、従業員のSNSへの書き込みを規制することができます。まず、営業秘密の漏洩防止や会社の名誉・信用の毀損防止の

観点、次に、従業員の職務専念義務の観点です。以下、順にご説明します。

## 2 情報漏洩や名誉・信用の毀損防止

　労働者には、労働契約における付随義務として、営業秘密の保持義務や使用者の名誉・信用を毀損しない義務が肯定されるとされています[i]。そのため、会社は、営業秘密の漏洩防止や会社の名誉・信用の毀損防止を理由として、従業員がSNSで会社の情報を書き込むことを規制することができます。

　一般的な会社の就業規則や秘密管理規程等（以下「就業規則等」といいます。）には、営業秘密の漏洩や会社の名誉・信用を毀損するような行為を禁じる規定があります。もし、ご質問の会社がいまだにこのような規定を整備していなければ、整備することをおすすめします。

　なお、当然のことですが、営業秘密の漏洩や会社の名誉・信用を毀損するような内容をSNSに書き込む行為は、勤務時間の内外を問わず禁止することができます。もし、ある従業員が、SNSで営業秘密を漏洩したり会社の名誉・信用を毀損した場合は、会社は、当該従業員に対し、指導するのはもちろんのこと、漏洩した情報が秘密性の高いものであったり、また会社の信用を毀損するような不適切な内容であったりした場合は、その程度に応じて、懲戒処分、又は解雇する等の措置を講じることができます。

　また、個人情報については、個人情報保護法により、会社は個人情報の取扱いにつき漏洩等がないよう従業員を監督しなければならないとされています。従業員が会社の情報を漏洩した結果、第三者の利益を害してしまうような場合は、会社はその第三者から使用者責任を問われるおそれもありますので、情報管理には注意が必要です。

---

i　菅野和夫『労働法　第12版』（弘文堂、2019年）158頁

## 3 従業員の職務専念義務

　労働者は、労働契約の最も基本的な義務として、使用者の指揮命令に服しつつ職務を誠実に遂行すべき義務を有し、したがって労働時間中は職務に専念し他の私的活動を差し控える義務を有しています[ii]。このような義務を一般的に職務専念義務といいます。

　会社にとって、従業員が職務に専念することは生産性を上げる意味でも重要です。そのため、一般的な会社の就業規則等には、通常、従業員には職務専念義務があるといった規定が設けられています。もし、ご質問の会社がいまだに職務専念義務に関する規定を整備していなければ、就業規則等に設けることをおすすめします。

　職務専念義務が要求する注意義務の程度については議論があるところですが、少なくとも、従業員が労働時間中に業務に支障が生じるような態様・頻度でスマートフォンを操作し書き込みをするような場合であれば、職務専念義務違反に当たると考えられます。なお、当然のことですが、会社が、従業員の職務専念義務を理由にSNSへの書き込みを規制する時間帯は、勤務時間中に限られます。

　本件で問題となっている従業員は、上司から注意を受け、事務所内での書き込みはやめたものの、休憩中はもちろん外回りの営業中にもSNSを行っているようです。そうしますと、当該従業員がSNSへ書き込みを行う回数は頻繁であり、業務に支障が生じていると思われますので、会社は当該従業員が職務専念義務に反しているとして、SNSへの書き込みを制限することができると考えられます。

　会社は当該従業員を注意し、それでも改善されないようでしたら懲戒処分をすることができます。さらに、複数回の指導・懲戒処分にもかかわらず状況が改善されないような場合は、会社は当該従業員を解雇することもできます。

〔渡邉　宏毅〕

---

ii　前掲注 i 975頁

## 3 従業員の私生活上の非違行為

**質問**

　ギャンブルや風俗での浪費の噂が絶えない従業員がいます。今後、こうした従業員には、どのような指導・処分をしていくべきでしょうか。また、裁判所からの給与の差押えがきた場合、どのような対処をすべきでしょうか。

**回答**

　今回は、ギャンブルや風俗での浪費の噂が絶えない従業員に対し、どのような指導・処分を行っていくべきか等というご相談です。

　まず、従業員がギャンブルや風俗での浪費している事実があった場合に、当該従業員が違法な行為までは行っていないのであれば、会社として、懲戒処分をすることは難しいように思われます。

　従業員がギャンブルや風俗で浪費しているというだけでは、事業活動に直接関連するとは言えず、また企業の社会的評価の毀損をもたらすとも言えませんので、懲戒事由に当たるほどの非違行為とは言えないからです。

　とはいえ、ギャンブルや風俗での浪費の噂が絶えない従業員が、管理職である場合やその他の部下を管理する地位にある場合は問題となり得ます。

　会社として、当該従業員が部下の指導等を行うことが適切でないと考えるのであれば、事実関係を確認した上で、注意・指導を行い、それでも当該従業員の行動が改善されない場合には、当該従業員を管理職等の地位から外すこともやむを得ないものと思われます。

　また、裁判所から給与の差し押さえ通知が会社に届いた場合は、差し押さえられた額を差押債権者に直接支払うこととなります。その額は、税金等を控除した後の給与のうち、法的に差し押さえが禁止された部分（税金等を控除した後の給与の4分の3に相当する部分。4分の3に相当する部分が33万円を超えるときは33万円）を除いた額となります。

## 1 │ 従業員の私生活上の非違行為に関する懲戒処分

　今回は、ギャンブルや風俗での浪費の噂が絶えないという私生活上に問題がありそうな従業員への対応に関するご相談です。

　一般的な会社の就業規則では、服務規律として犯罪行為一般や私生活上の非違行為の禁止を定めていたり、またそれらの行為を懲戒事由と定めています。

　しかしながら、労働契約は、企業がその事業活動を円滑に遂行するのに必要な限りでの規律と秩序を根拠づけるにすぎず、労働者の私生活に対する使用者の一般的支配まで生ぜしめるものではありません[i]。

　したがいまして、従業員の私生活上の言動は、事業活動に直接関連を有するもの及び企業の社会的評価の毀損をもたらすもののみが企業秩序維持のための懲戒の対象となりうるにすぎません。判例は就業規則の包括条項を限定解釈し私生活上の非行に対する懲戒権発動を抑制しているとされています[ii]。

　ご相談では、ギャンブルや風俗での浪費の噂が絶えない従業員がいるとのことです。

　あくまで噂ということですが、仮に事実であった場合にも、当該従業員が違法な行為までは行っていないのであれば、ギャンブルや風俗で浪費しているという事由をもって、懲戒処分をすることは難しいように思われます。

　というのも、当該従業員がギャンブルや風俗で浪費しているというだけでは、会社の事業活動に直接関連するとは言えず、企業の社会的評価の毀損をもたらすとも言えないからです。

　一方、私生活上の行為とはいえ、企業の社会的評価を毀損させるような

---

i　菅野和夫『労働法　第12版』（弘文堂、2019年）694頁
ii　前掲注 i 712頁

犯罪等の非違行為を行えば懲戒処分は有効とされます。電車内での痴漢行為等の重大な犯罪を行えば最も重い懲戒解雇も有効とされる場合があります[iii]。もし、当該従業員が例えば違法な賭博を行っていたということであれば企業の社会的評価の毀損をもたらすと思われますので懲戒処分は可能と考えられます。

## 2 | ギャンブルや風俗での浪費の噂が絶えない従業員に対する人事上の対応

懲戒処分をすることが難しい場合であっても、ギャンブルや風俗での浪費の噂が絶えない従業員が管理職や部下を管理する地位等にある場合、会社として当該従業員が部下の指導等を行うことが適切でないと考えるのであれば、当該従業員に行動を改めてもらうことが必要です。

そこで、会社は、ギャンブルや風俗での浪費の噂が絶えない従業員に対し、そのような事実について確認した上で、もし噂が事実である場合には、行動を改めるように注意・指導を行うのが適切と思われます。

注意・指導をしても当該従業員の行動が改善されないような場合には、当該従業員を管理職等の地位から外すこともやむを得ないものと思われます。

## 3 | 裁判所からの給与の差し押さえ通知

裁判所から給与の差し押さえ通知が会社に届いた場合、会社は差し押さえられた給与を差押債権者に直接支払うこととなります。

もっとも、債務者の生活保障の観点から、税金等を控除した後の給与の額の4分の3に相当する部分（税金等を控除した後の給与の4分の3に相当する部分が33万円を超えるときは33万円）については差し押さえることができません（民執法152条）。

したがいまして、会社は、税金等を控除した後の給与から差し押さえが禁止された部分を控除した額を債権者に支払うこととなります。

〔渡邉　宏毅〕

iii　東京高判平成15年12月11日労判867号5頁（小田急電鉄事件）参照

# 4 備品の持ち出し等への対応

**質問**

　社内の備品が無くなることがあり困っています。従業員の所持品検査を行いたいと思っているのですが、プライバシーの侵害にならないようにするための注意点を教えてください。また、従業員のメールを調査する場合の注意点も教えてください。

**回答**

　今回は、会社による従業員の所持品検査やメールの調査に関するご相談です。

　まず、会社による所持品検査は、被検査者のプライバシーの侵害のおそれを伴うものですので、無制限に許容されるものではありません。

　最高裁の判例によれば、①所持品検査を必要とする合理的理由の存在、②一般的に妥当な方法と程度、③制度としての画一的な実施、④就業規則その他の明示の根拠に基づくこと、という要件のもとに所持品検査は認められています。

　本相談においても、就業規則等に明記し、事業所の従業員に画一的に所持品検査を行うということであれば適法に実施することができます。

　ところで、所持品検査の実施はコストもかかる上、従業員にとっても望ましいものではないでしょうから、会社にとって他によりよい方法があれば検討してもよいと思われます。例えば、備品を管理する手続を整備したり、備品の持ち出しが監視されている状況を作ること等により備品の持ち逃げを抑止することができると思われます。

　次に、メールの調査に関しては、従業員が会社の提供した電子メール環境を使用している場合には、社会通念上相当な態様であれば、会社は、従業員のメールをチェックすることができるとされています。この場合、会社は、個人情報保護法に基づき、利用目的を特定し（例えば私的メールの濫用防止のため）、これを従業員に公表ないし通知する必要があることにも留意してください。

**●●● 解説** ▮▮▮▮▮▮▮▮▮▮▮▮▮▮▮▮▮▮▮▮▮▮▮▮▮▮▮▮▮▮▮▮▮▮▮▮▮▮▮▮▮▮▮▮▮▮▮▮▮▮▮▮

## 1 所持品検査

まずは、所持品検査に関するご相談です。

5
企業秩序・懲戒

会社による所持品検査は、被検査者のプライバシーの侵害のおそれを伴うものですので、無制限に許容されるものではありません。

　最高裁の判例によれば（最判昭和43年8月2日民集22巻8号1603頁・西日本鉄道事件）、①所持品検査を必要とする合理的理由の存在、②一般的に妥当な方法と程度、③制度としての画一的な実施、④就業規則その他の明示の根拠に基づくこと、という要件のもとに所持品検査は許容されると考えられています。

　これを本相談にあてはめますと、社内の備品が無くなることがあり困っているとのことですので、①所持品検査を行う合理的理由はあると思われます。

　②妥当な方法と程度ですが、そもそも所持品検査を行う目的は、所持品検査により実際に備品の持ち出しを検査するということ、及び備品の持ち出しを抑止するため、つまり、所持品検査があるとアナウンスしかつ実際に実施することにより抑止効果を図るところにあると思われます。

　そうしますと、従業員が事業所から出る際に所持品検査を行うという方法がより妥当な方法と思われます。

　また、所持品検査を行う場合は、③画一的に事業所の全従業員に実施し、④就業規則等に明示の根拠を設ける必要があります。

　もっとも、所持品検査は、従業員のプライバシーを一定程度侵害する上に会社にとって人的・時間的なコストもかかります。所持品検査よりプライバシー侵害の程度も小さく、かつ会社にとってコストパフォーマンスのよい方法があればその方法を試してもよいように思います。

　例えば、備品が管理できる物であれば、備品管理の手続（誰が借りていつ返したかをPCや台帳に入力する等）を整備することにより、持ち逃げを防止することができます。

　また、備品の持ち出しが監視されている状況を作ること、例えば備品の置いてある場所を人目につきやすいようにしたり、場合によっては防犯カメラ（ダミーでも可）を設置しておくといった方法によっても、持ち出しの

抑止効果を図ることができます。

## 2 | メールの調査

　メールの調査も、被検査者のプライバシーの侵害のおそれを伴うもので無制限に許容されるものではありませんが、従業員が、会社が業務上提供する電子メール環境を使用している場合は、会社は従業員が私用のために会社のシステムで電子メールをすることを禁止・制限することができるので、従業員のプライバシーの保護の期待は大きくないと考えられています。

　裁判例（東京地判平成13年12月3日労判826号76頁）は、従業員が社内ネットワークシステムを用いて電子メールを私的に使用する場合に期待し得るプライバシーの保護の範囲は、通常の電話装置における場合よりも相当程度低減されることを甘受すべきであり、監視の目的、手段及びその態様等を総合考慮し、監視される側に生じた不利益とを比較衡量の上、社会通念上相当な範囲を逸脱した監視がなされた場合に限り、プライバシー権の侵害になると解するのが相当である、と判示しています。

　したがいまして、従業員が会社の提供したシステムで電子メールを使用している場合には、社会通念上相当な範囲を逸脱した監視がなされた場合でなければ、会社は、従業員のメールをチェックすることができると考えられます。

　ところで、会社による従業員のメールの調査は個人情報の取得となる可能性があるので、個人情報保護法の一般的な規制にも服しています（インターネットの私的利用の調査の場合も同様）[i]。したがいまして、会社は、メールの調査を行う場合は、例えば「私的メールの濫用防止のため」等と利用目的を特定し、これを従業員に公表ないし通知しなければなりません（個人情報保護法15条、18条1項）。

〔渡邉　宏毅〕

---

[i]　菅野和夫『労働法　第12版』（弘文堂、2019年）696頁

## 5 従業員が取引先から金銭を借り入れた 場合等の処分

**質問**

　外回りをしている従業員が、取引先の2社から2万円ずつお金を借りていることが判明しました。この場合はどのような処分をすべきでしょうか?

　もし、2万円の借入証書の代用として、当社名義の領収書を発行していた場合には、着服として解雇することはできますか。

**回答**

　今回は、従業員が取引先から金銭を借り入れた場合等の処分に関するご相談です。

　まず、会社が、企業秩序を侵害した従業員に対して何らかのペナルティを与える場合、厳重注意等の事実上の措置を講じることもできますし、懲戒処分という労働関係上の不利益処分を行うこともできます。

　懲戒権の行使については、会社は、懲戒の事由と手段を就業規則に明記して初めて懲戒権を行使することができると考えられています。

　本事例のうち、取引先2社から2万円の借入を行ったことについては、取引先との金銭貸借が就業規則上の懲戒事由に明記されているのであれば一応の処分は可能ですが、明記されていない場合には処分は難しいように思われます。処分が可能な場合でも、少額の借入を行っただけということからすると、一般的には、戒告、けん責等の軽い処分が相当のように思われます。

　他方、会社名義の領収書を発行していた場合、その発行行為自体が私文書偽造に該当する上、金銭の授受は会社に対する横領等に当たる可能性も生じるため、全く事情が異なります。具体的事情によっては、諭旨退職や懲戒解雇といった処分であっても相当性が認められる場合もあります。

### ●●● 解説

#### 1 従業員に対する処分

　会社は、従業員が服務規律に反する企業秩序違反行為を行った場合に、厳重注意等の事実上の措置を講じることもできますし、懲戒処分を行うこ

ともできます。

　ここで、懲戒処分とは、「使用者が従業員の企業秩序違反行為に対して科す制裁罰」のことを言います[i]。

　この点について、最高裁の判例によれば、会社は、懲戒処分の事由や手段を就業規則に明記して初めて懲戒権を行使できると考えられています。

## 2 懲戒権の行使

### (1) 懲戒の事由・手段

　会社が、従業員に懲戒権を行使するためには、まずは、懲戒の事由が就業規則に明記されていなくてはなりません。

　主な懲戒事由として、経歴詐称、業務命令違反、職場規律違反、無断欠勤等、会社物品の私用、私生活上の非行、二重就職・兼業規則が挙げられます[ii]。

　次に、懲戒の手段も就業規則に明記されている必要があります。

　主な懲戒の手段として、戒告、けん責、減給、降格、出勤停止、諭旨退職、懲戒解雇が挙げられます。

### (2) 懲戒処分の相当性

　会社が従業員に対して行った懲戒処分については、その処分が従業員の行為の性質及び態様その他の事情に照らし、客観的な理由を欠き、社会通念上相当でない場合には、使用者が懲戒権を濫用したものとして無効とされます（労契法15条）。

　従業員のある行為が懲戒事由に当たるとしても、これに対する処分内容が重すぎる場合や、処分に際して必要な手続を経ていない場合には、懲戒権の濫用となり、懲戒処分の有効性が否定されることがあります。

i　水町勇一郎『労働法　第9版』（有斐閣、2022年）145頁
ii　前掲注 i 153 ～ 157頁

### (1) 従業員が取引先から金銭を借り入れた場合

ご相談によれば、外回りをしている従業員が、取引先の2社から2万円ずつお金を借りたということです。

会社が、この行為について懲戒処分を行おうとする場合、まずは、会社の就業規則において、取引先と金銭の貸し借り等をすることが懲戒事由となっていることを確認する必要があります。

この点、例えば金融機関であれば、公正さに対する社会の信頼を確保する目的から、取引先や関係者との間での金銭の貸借を禁止することを就業規則に明示している会社も多いでしょう。この場合は、会社は、従業員を懲戒処分することができます。

他方、一般の事業会社の場合、就業規則に取引先等との金銭の貸借を禁じる定めがないことがあります。このような場合には、会社は、原則として、従業員を懲戒処分することができません。また、懲戒事由は拡大解釈できないとされていますので、服務規律違反等の他の処分理由にあてはめて処分することは難しいと考えられます。もちろん、当該従業員が、金銭の貸借に伴って、バック・リベート等を行い会社に金銭的不利益を生じさせているような場合は別問題となります。

次に、本件が懲戒事由に該当した場合の懲戒の手段ですが、当該従業員が、単に、取引先2社から2万円ずつ借りただけという事実の場合は、借りた金額も低額ですし、通常は、会社及び取引先に大きな迷惑をかけるといったことも考えにくいように思います。

そこで、取引先との金銭の貸し借りが厳禁であるというルールが会社中に浸透しているといった特段の事情でもない限り、戒告、けん責等の軽い処分が相当のように思われます。

### (2) 2万円の借り入れ証書の代用として会社名義の領収書を発行していた場合

次に、従業員が、2万円の借り入れ証書の代用として会社に無断で会社

名義の領収書を発行していた場合です。

　当該従業員が会社名義の2万円の借り入れ証書を作成した行為は、刑法上の有印私文書偽造、同行使の犯罪（刑法159条、161条）に当たり得ることに加え、当該従業員は、借り入れた2万円を会社の負担により返済することを予定していると考えられることから、横領等の犯罪が成立する可能性もあります。

　まず、懲戒事由ですが、一般的に、これらの犯罪行為は懲戒事由となっているものと思われます。

　次に、懲戒の手段ですが、当該行為は、刑法上の犯罪行為であり、単に取引先から金銭を借りたという事例に比べて、従業員の企業秩序に対する侵害の程度は大きいと考えられます。

　当該従業員は、額は少ないとはいえ、犯罪行為を行い、かつ会社に損害を与えて自らが利得を得ようとしていたのですから、具体的な事情によっては、諭旨退職や懲戒解雇の処分としても相当性が認められる場合があると考えられます。

〔渡邉　宏毅〕

第 **6** 章

# 有給休暇・労働安全衛生・就業支援

従業員への十分な休暇の付与や適切な健康管理の実施など、会社が従業員に快適な就業環境を提供することは従業員満足度を向上させ、また生産性をも向上させると考えられます。

本章では、有給休暇、労働安全衛生法、及び育児・介護休業法に関する事項についてご説明します。いずれも最近重要な法改正がなされています。

# **1** 有給休暇の時季指定義務

## 質問

　有給休暇ですが、当社の従業員は、毎年なかなか十分な有給休暇を取ることができていません。繰越制度はありますが、有給休暇の切捨てもされています。労働基準法では5日の消化がされなければいけないとのことですが、罰則はあるのでしょうか。また、会社は、どのような体制で臨めばよいのでしょうか。

## 回答

　今回は、有給休暇を取得させる義務に関するご相談です。

　平成31年4月から施行されている改正労基法により、会社は、5日から従業員が取得済みの有給休暇の日数を引いた日数につき有給休暇の時季を指定しなければなりません。つまり、従業員が有給休暇を全く取得しなければ、会社は5日の有給休暇の指定義務があります。

　同法には罰則も設けられており、これに違反した使用者には30万円以下の罰金が科せられる可能性があります。

　ところで、従業員が有給休暇を年間5日以上取得すれば、会社は有給休暇を指定する必要はありません。そこで、会社は従業員に有給休暇を取得させるための環境を整備する必要があります。

　具体策としては、例えば、半日（0.5日）単位の有給休暇の取得も年間5日の取得義務の日数としてカウントされるため半日単位の有給休暇の制度を設ける方法があります。他には、上司が積極的に有給休暇を取得することや、会社から従業員に有給休暇の取得希望日を尋ねる等、従業員が有給休暇を申請し易くするための措置を講じるべきと思われます。

　また、会社は、有給休暇の指定義務を行うに当たり、従業員の有給休暇の取得状況を管理する必要があります。そのため、有給休暇の基準日を設けることが管理上おすすめです。

## 1 労基法改正による有給休暇の指定義務

　かつては日本の労働者の有給休暇の取得率は約50％とされていました。[i]
これは、国際的にもきわめて低い取得率とされています。

　このようなことから、会社からの有給休暇の時季指定義務を設ける労基
法の改正がなされ、この改正法は平成31年４月から施行されています。

　会社は、年10日以上の年次有給休暇が付与される労働者に対し、５日に
ついて、毎年、時季を指定して与えなければならないこととなりました
（労基法39条７項）。

　会社は、５日から従業員が取得済みの有給休暇（計画年休でもよい）の
日数を引いた日数につき有給休暇の時季を指定しなければなりません（同
法39条８項）。つまり、従業員が有給休暇を全く取得しなければ、会社は
５日の有給休暇の指定義務があります。

　なお、同法には罰則も設けられており、これに違反した使用者には30万
円以下の罰金が科せられる可能性があります（同法120条１号）。

## 2 十分な有給休暇を従業員に取得させるための環境整備

　日本の労働者の有給休暇の取得率が国際的に低い理由についてはさまざ
まな議論があるところですが、有給休暇の取得率が低いことは、従業員の
離職率の増加や生産性の減少にもつながるとされています。

　従業員が有給休暇を年間５日以上取得すれば、会社は有給休暇を指定
する必要はありませんが、会社としては、多くの従業員が十分に有給休暇
を取得しない可能性がある場合には、従業員に有給休暇を取得させるため
の環境を整備すべきと思われます。

　まず、制度的な環境整備としては、半日単位（0.5日）の有給休暇の制度

6
有給休暇・労働安全衛生・就業支援

---

[i]　厚労省平成29年就労条件総合調査　結果の概況

を設ける方法があります。半日単位の有給休暇でも年間5日の取得義務の日数としてカウントされるからです。[ii] 半日単位だと有給休暇を取得しやすいという従業員にとっては、この制度を設けることで有給休暇の取得を促進することができます。なお、時間単位の有給休暇の取得は年間5日の日数としてカウントされません。他には、病気等の理由で急に仕事に行けなくなったときのために有給休暇をとっておきたいという従業員の心理的な不安感を解消させるため、病気有給休暇等の特別な休暇を制度化するという方法もあります。

　また、運用上の留意点としては、上司が積極的に有給休暇を取得することも重要です。上司が休まないのに、部下はなかなか休むことはできません。

　さらに、従業員からの有給休暇の申請を待っていてもなかなか申請がされないようであれば、会社から従業員の有給休暇の取得希望日を尋ねるという方法もあります。例えば、毎月1回、従業員に翌月のカレンダーを回して各従業員の有給休暇の希望日に○をしてもらう等の方法があります。

## 3 ┃ 計画年休

　会社は、従業員に有給休暇を取得させる方法として、労使協定による計画年休によることもできます。計画年休は、事業場や特定のグループ全体として休暇とする場合等に使いやすいと言われております。

## 4 ┃ 有給休暇の取得状況の管理

　労働者が有給休暇を取得する権利は、6か月以上継続勤務し、全労働日の8割以上出勤した場合に発生します（労基法39条1項）。そのため、例えば4月1日入社の者については、入社した年の10月1日から翌年の9月30日までの1年間に、有給休暇5日の時季指定義務があるということにな

---

ii　厚生労働省「働き方改革を推進するための関係法律の整備に関する法律による改正後の労働基準法関係の解釈について」（平成30年12月28日基発1228第16号）

ります。

　もっとも、会社の従業員の入社時期は人それぞれということになると、原則としては従業員ごとに有給休暇を付与される期間は異なることとなり、それぞれの従業員ごとに有給休暇の取得状況を管理するのはコストがかかります。

　そこで、実務上は、事務手続き上の便宜から、有給を前倒しで付与する等により、ある特定の日を基準日とすることが一般的です。

　例えば、従業員の入社日にかかわらず、4月1日を基準日として全従業員に一斉に有給休暇を付与することで、毎年、4月1日～3月末までの1年間において5日の有給休暇を消化しているかどうかを確認すればよいので、会社としては有給休暇の取得状況を管理しやすくなると思われます。

〔渡邉　宏毅〕

## ◆◆◆ 税務からのアプローチ ‖‖‖‖‖‖‖‖‖‖‖‖‖‖‖‖‖‖‖‖‖‖‖

【有給休暇引当金を考える】

### 1 管理会計の観点での有給休暇引当金

　アルバイトやパートタイマーも有給休暇を取得することができます。アルバイトやパートタイマーが従業員の中に占める割合が高い飲食店、衣料品店その他のチェーン店、コールセンターやヘルプデスクの受託会社などでは、有給休暇の取得が特定の月に固まりがちになることが見られます。例えば、お盆で帰省をする8月や学生が卒業で職場を去る前の3月などです。こうした従業員が有給休暇を取った場合、その分、勤務シフトに穴が開いた状態では業務を遂行することはできないので、結果として、他のアルバイトやパートタイマー、あるいは正社員からの応援などで勤務シフトを埋めることになります。その結果、勤務シフトから発生する給与に加えて、有給休暇分の人件費が8月その他特定の月の店舗損益を圧迫すること

になります。

　7月、12月の賞与で店舗の損益が落ち込むことが、業績判断の上でのかく乱要因になる場合、賞与引当金を設定し、月次決算に賞与引当金繰入額を計上することで月次損益の平準化を図ることになります。これと同様に有給休暇により人件費が増えることで、特定の月の店舗損益が落ち込み、業績管理において不都合が生じる場合、有給休暇引当金を計上することが考えられます。この有給休暇引当金は、必ずしも決算を通じて、最終の公表用の財務諸表にまで残しておく必要はない場合も多いと思われます。あくまで、月次での業績管理上の都合で計上するのであって、財務会計上の引当金として計上することまでは会計慣行として成熟していないように思われます。年度予算上も明確に計上される賞与と比較すると、有給休暇の消化は、予算に織り込むほどには明確に見積もりを行っていないということも理由の1つです。しかし、月次の決算において、あるいは管理会計上の計上項目として有給休暇引当金を検討することは、損益管理の上で有益であると考えます。

## 2　財務会計上の引当金とすべきか否か

　企業会計原則注解18（昭和57年4月20日　大蔵省企業会計審議会）では引当金について、「将来の特定の費用又は損失であって、その発生が当期以前の事象に起因し、発生の可能性が高く、かつ、その金額を合理的に見積ることができる場合には、当期の負担に属する金額を当期の費用又は損失として引当金に繰入れ、当該引当金の残高を貸借対照表の負債の部又は資産の部に記載するものとする。」としています。有給休暇引当金は、将来の有給休暇に伴う給与という「将来の特定の費用又は損失」です。また、有給休暇は、それまでの有給休暇の計算期間の間の就労により発生するため、「その発生が当期以前の事象に起因」するものです。働き方改革が動き出している中で、有給休暇の取得は今まで以上に活発になっていくはずで、「発生の可能性が高く」、また、有給休暇の消化状況は、毎年の有給休暇消化

率などを把握していれば「その金額を合理的に見積ることができる」はずです。したがって引当金の要件を全て満たしているとも言えます。

しかし、この注解では、「製品保証引当金、売上割戻引当金、返品調整引当金、賞与引当金、工事補償引当金、退職給与引当金、修繕引当金、特別修繕引当金、債務保証損失引当金、損害補償損失引当金、貸倒引当金等がこれに該当する。」と例示しており、有給休暇引当金は、含まれていません。こうした事情もあって、財務会計上の引当金として計上することは会計慣行ではないとも言えますし、重要性の原則の観点から現状では計上にまでは至っていないということかもしれません。

なお、中小企業には適用されていませんが、IFRS適用会社では、有給休暇引当金の計上を検討することが求められています。NTTの連結財務諸表では、負債の部に単独の科目では掲記されていないものの、繰延税金資産・負債の発生要因別内訳表の中で、有給休暇引当金が計上されていることがわかります。

図表1

| 繰延税金資産・負債の発生要因別内訳 | | |
|---|---|---|
| | | (百万円) |
| | 2017年3月31日現在 | 2018年3月31日現在 |
| 繰延税金資産 | | |
| 　未払退職年金費用 | 505,000 | 512,914 |
| 　未払事業税 | 14,551 | 16,158 |
| 　有形固定資産及びソフトウェア等 | 354,481 | 351,964 |
| 　有給休暇引当金 | 77,275 | 77,026 |
| 　未払賞与 | 34,386 | 35,333 |

（NTT平成30年3月期有価証券報告書P.120）

これによれば、未払事業税や未払賞与より大きい770億円が計上されていることがわかります。IFRS適用会社が増えてくるにしたがって、徐々に有給休暇引当金の計上が当たり前になり、管理会計での計上は中小企業でも普通に行われるようになるかもしれません。また、働き方改革の進展によって有給休暇の取得率の著しい増加がみられるようになると、中小企業会計指針や中小企業の会計に関する基本要領で有給休暇引当金について触れられる時代が来るかもしれません。

## **2** 労働者の健康管理

### 質問

　従業員が産業医と相談できるように産業医への相談窓口を開設しました。会社には内緒で相談できます。しかし、従業員の健康が悪化している場合など、会社も把握したいと思います。こうした場合の労働者の健康管理に関し注意する点を教えてください。

### 回答

　今回は、労働者の健康管理に関するご相談です。

　ご相談の会社では、会社に内緒で相談できる産業医の窓口を設置したということです。もっとも、この窓口は、内緒での相談が前提となっているようですので、会社は、この窓口に寄せられた相談の情報提供を受けることはできません。

　会社が労働者の健康に関する情報を把握する方法は、一般的には、健康診断（一般健康診断と特殊健康診断）となります。

　健康診断の実施は労働安全衛生法で義務付けられていますが、このうち一般健康診断は、雇入れ時と年１回実施され、労働者は受診義務があります（ただし他の医師による健康診断を受ける場合はこの限りでない）。

　健康診断の結果の情報提供に関し、厚生労働省のガイダンスによれば、健康診断の法定項目については、会社は医療機関から情報提供を受けることができるとされています。もちろん、健康診断の結果はセンシティブな個人情報を含んでおりその取扱いには注意が必要です。

　また、会社は、一定の長時間労働者について本人からの申出があれば医師による面接指導を受けさせることにより健康状況を把握する必要があります。

---

### ●●● 解説 ‖‖‖‖‖‖‖‖‖‖‖‖‖‖‖‖‖‖‖‖‖‖‖‖‖‖‖‖‖‖‖‖‖‖‖‖‖‖‖‖‖‖‖‖‖‖‖‖‖‖‖‖‖‖‖‖‖‖‖‖‖‖‖‖‖‖‖‖‖

### 1 健康診断

（1）　健康診断の実施

今回は、労働者の健康管理に関するご相談です。

ご相談の会社では、会社に内緒で相談できる産業医の窓口を設置したということです。産業医の職務は、健康診断・面接指導の実施、作業環境の維持管理等です。

　もっとも、この窓口は、内緒での相談が前提となっているようですので、会社は、この窓口に寄せられた相談の情報提供を受けることはできません。ちなみに、医師の秘密漏えいは、刑法で処罰の対象ともされております（刑法134条1項）。

　そこで、会社が労働者の健康状態を把握する方法が問題となりますが、一般的には健康診断によることとなります。

　まず、会社は、労働者の健康管理のため、健康診断を実施する義務があります。健康診断には、一般健康診断（労働安全衛生法66条1項）、一定の有害業務に従事する労働者に対する特殊健康診断（同条2項）ないし歯科医師による特殊健康診断（同条3項）があります。

　このうち一般健康診断は、雇入れ時と年1回の定期健康診断があり、労働者は会社の実施する健康診断の受診義務があります（同条5項）。もっとも、労働者は、他の医師による健康診断を受けるのであれば、会社が実施する健康診断を受診する義務はありません。

### (2)　健康診断結果の情報提供

　次に、健康診断の結果はセンシティブな個人情報を含むところ、会社は医療機関から健康診断の結果に関する情報提供を受けることができるかどうかが問題となります[i]。

　この点、厚生労働省のガイダンス[ii]によれば、「医療機関等が、……健康診断等……を受託した場合、その結果である労働者等の個人データを委託元である当該事業者又は保険者に対して提供することについて、本人の

---

i　健康診断実施後、もちろん、会社は、健康診断の結果を労働者に通知しなければなりません（労働安全衛生法66条の6）。

ii　厚生労働省「医療・介護関係事業者における個人情報の適切な取扱いのためのガイダンス」

同意が得られていると考えられる。」とされております。

そのため、一般的には、労働安全衛生法の健康診断の法定項目[iii]に関する結果は、医療機関から会社に提供されることとなります。

ところで、会社は、労働者の健康確保に必要な範囲内で健康情報を収集しその目的の範囲内で使用しなければなりません（労働安全衛生法104条）。健康診断の結果はセンシティブな個人情報ですので、内容を適切に加工する、及び社内で健康診断の結果について取り扱える者を限定する等の措置が必要と考えられます。

## 2 ┃ ストレスチェック

労働者が常時50人以上いる事業所では、毎年1回、全ての労働者に対し、医師、保健師、又は一定の看護師、精神保健福祉士（以下「医師等」といいます。）から労働者の心理的な負担の程度を把握するための検査（ストレスチェック）を実施することが法律上義務付けられております。

一般的には、複数項目ある質問票に労働者が記入回答することで、労働者のストレス状態を図るという検査がなされております。

ストレスチェックにおいては、医師等は、あらかじめ当該検査を受けた労働者の同意を得ないで、当該労働者の検査の結果を会社に提供してはならないとされていますので（同法66条の10第2項）、健康診断の場合と異なり、会社は検査結果を知るためには労働者の同意を得なければなりません。

## 3 ┃ 長時間労働者への医師による面接指導

会社は、1月当たり80時間を超える時間外・休日労働があった労働者に対してはその旨を通知し、本人からの申出があれば医師による面接指導を

---

[iii]　既往歴及び業務歴の調査、自覚症状及び他覚症状の有無の検査、身長、体重、腹囲、視力及び聴力の検査、胸部エックス線検査及び喀痰検査、血圧の測定、貧血検査（血色素量及び赤血球数）、肝機能検査（GOT、GPT、γ-GTP）、血中脂質検査（LDLコレステロール、HDLコレステロール、血清トリグリセライド）、血糖検査、尿検査（尿中の糖及び蛋白の有無の検査）、心電図検査

受けさせなければなりません（平成30年の労働安全衛生法の改正により基準が100時間から80時間に短縮されました）。

　会社は、医師による面接指導の結果に基づき当該労働者の健康を保持するために必要な措置について医師の意見を聴かなければならず（同法66条の8第4項）、その意見を勘案して必要ありと認めるときは、就業場所の変更、作業の転換、労働時間の短縮等の措置を講じなければならない（法66条の8第5項）とされています[iv]。

〔渡邉　宏毅〕

---

iv　菅野和夫『労働法　第12版』（弘文堂、2019年）598頁

# 3 育児・介護休業法の改正について

## 質問

　育児・介護休業法が改正され、産後パパ育休制度が新しく創設されたと聞きました。この法律は、零細企業も含め、一律に適用されるのでしょうか。もし、それであれば、当社も育児・介護休業規程を作成しようと思います。育児・介護休業法の改正のポイントと企業に求められる対応について、解説をお願いいたします。

## 回答

　ご質問にもあるとおり、「育児休業、介護休業等育児又は家族介護を行う労働者の福祉に関する法律」（以下、「育児・介護休業法」といいます。）が改正され、2022年４月から順次施行されています。この法律は、事業規模にかかわらず労働者を雇用する事業主には一律に適用されますので、ご質問の会社においても社内のルールや運用を速やかに見直し、その内容を社員へも周知する必要があります。以下では、2022年の改正ポイントを中心にご説明します。

## ●●● 解説 ||||||||||||||||||||||||||||||||||||||||||||||||||||||||||||||||||||||||||

### 1 育児・介護休業法とは

　育児・介護休業法は「子の養育又は家族の介護を行う労働者等に対する支援措置を講ずること等により、子の養育又は家族の介護を行う労働者等の雇用の継続及び再就職の促進を図り、もってこれらの者の職業生活と家庭生活との両立に寄与すること」（１条）を目的としています。要するに、育児・介護をする労働者が仕事と家庭を両立させられるよう休業等の権利（育児休業・介護休業、子の看護休暇・介護休暇、労働時間の制限など）を保障している法律です。同法は、労働者を雇用する事業主には事業規模にかかわらず適用されます。

　育児・介護休業法は制定された後も、労働者への支援・保護を広げる

方向で改正が続けられ、ご質問にもあるとおり、最近も、出産・育児等に
よる労働者の離職を防ぎ、希望に応じて男女ともに仕事と育児等を両立で
きるようにするための改正が行われ、2022年4月から段階的に施行されて
います。

## 2 ┃ 2022年改正のポイント

### (1) 雇用環境整備、個別の周知・意向確認措置の義務化 (2022年4月1日施行)

ア　育児休業を取得しやすい雇用環境の整備

　企業は、労働者が育児休業と産後パパ育休の申し出を円滑に行えるよう
にするため、次のうちいずれかの措置を講じなければなりません (22条)。
可能な限り、複数の措置を行うことが望ましいとされています。

---

① 育児休業・産後パパ育休に関する研修の実施
② 育児休業・産後パパ育休に関する相談体制の整備
③ 自社の労働者の育児休業・産後パパ育休取得事例の収集・提供
④ 自社の労働者への育児休業・産後パパ育休に関する制度及び育
　 児休業取得促進に関する方針の周知

---

イ　妊娠・出産の申し出をした労働者に対する個別の周知・意向確認の措置

　企業は、本人または配偶者の妊娠・出産等を申し出た労働者に対し、育
児休業制度等に関する以下の事項の周知と休業の取得意向の確認を、個
別に行わなければなりません (21条)。この場合、個別の周知・意向確認
の方法としては、面談 (オンラインも可) や書面交付によるとされ、労働者
が希望した場合には、FAXや電子メール等によっても行うことができます。

---

① 育児休業・産後パパ育休に関する制度
② 育児休業・産後パパ育休の申し出先

---

③　育児休業給付に関すること

④　労働者が育児休業・産後パパ育休期間について負担すべき社会
保険料の取扱い

## ⑵　有期雇用労働者の育児・介護休業取得要件の緩和（2022年4月1日施行）

育児休業・介護休業の取得要件が次のとおり緩和されました（5条、11条）。

改正前　　　　　　　　　　　　　　　　　改正後

| 育児休業の場合 |
| --- |
| ⑴　引き続き雇用された期間が1年以上 |
| ⑵　1歳6か月までの間に契約が満了することが明らかでない |
| 介護休業の場合 |
| ⑴　引き続き雇用された期間が1年以上 |
| ⑵　介護休業開始予定日から93日経過日から6か月を経過する日までに契約が満了することが明らかでない |

→

| 育児休業・介護休業いずれも、⑴の要件を撤廃し、⑵のみになる。 |
| --- |

## ⑶　産後パパ育休（出生時育児休業）の創設（2022年10月1日施行）

育児休業とは別に、子の出生後8週間以内に4週間まで取得することが可能な産後パパ育休が創設されました（9条の2）。産後パパ育休は、原則として休業の2週間前までに申出をすれば良く[i]、分割して2回取得することも可能であり、一定の要件のもと休業中に就業することもできる[ii]という、柔軟な休業制度です。養子の場合には、女性がこの休業を取得する

---

[i]　雇用環境の整備などについて、法で義務付けられている内容を上回る取り組みの実施を労使協定で定めている場合は、1か月前までとすることができます。

[ii]　労使協定を締結している場合に限り、労働者が合意した範囲で休業中に就業できます。

ことも当然可能です。

### ⑷　育児休業の分割取得等（2022年10月１日施行）（５条）

　改正前は育児休業の分割取得が原則不可とされていましたが、改正により１歳までの期間に２回まで分割取得することが出来るようになりました。

　その他、育児休業を１歳以降に延長する場合の休業開始日について、改正前は１歳到達日または１歳６か月到達日の翌日を休業開始日とする必要があり、夫婦交替で休業する場合、交替できるタイミングは１歳または１歳６か月時点のみでした。これが、改正によって休業開始日が柔軟化され、１歳６か月または２歳までの間で、夫婦交替で休業できるようになりました。また、改正により、１歳６か月、２歳までの育児休業においても、特別な事情がある場合は再取得できるようになりました。

### ⑸　育児休業取得状況の公表の義務化（2023年４月１日施行）

　従業員が1000人を超える企業は、男性の育児休業等の取得率または男性の育児休業等及び育児目的休暇の取得率を年１回公表することが義務付けられました（22条の２）。

## 3 ┃ 企業に求められる対応

　まず、育児・介護休業法に関する社内規程を整備・アップデートすることが求められます。

　次に、上記のとおり、今回の改正では従前の制度が変更されただけでなく、新たな制度も設けられています。改正点を含め育児・介護休業法について研修などを通して社内に周知することも重要となります。特に、制度を利用する労働者がはじめに相談すると思われる管理職社員へは、早急に研修等を実施することが望ましいです。

〔加藤　佑子〕

# 第7章

# パートタイム労働者等

労働者に占める非正規労働者の割合は1990年代には約2割でしたが、現在では約4割に上っています。特に女性労働者は、その約半数を非正規労働者が占めているとされます。このような社会状況の変化に伴い、非正規労働者の労務問題を解決し雇用環境を改善する重要性が増しています。

本章では、非正規労働者（特にパートタイム労働者）に関する労務問題、及びパートタイム・有期雇用労働法で定められたいわゆる「同一労働・同一賃金」についてご説明します。

# 1 パートタイム労働者

## 質問

当社でも現在パートタイム労働者を雇用しています。最近新聞でパートタイム労働者についての記事をよく目にするのですが、パートタイム労働者を雇用する会社が最低限守らなければならない法律にどのようなものがあるか教えてください。

## 回答

パートタイム労働者を雇用する会社が遵守すべき主な法律には、労働契約法、労働基準法などの一般的な労働法制のほか、パートタイム・有期雇用労働法[i] があります。パートタイム労働者については税制でも注意すべき点がありますが、以下では労働関連の主な法律に絞ってその概要を説明いたします。

## ●●● 解説

### 1 パートタイム労働者とは

パートタイム労働者には様々な定義があります。例えば、所定労働時間が短い労働者を指すこともありますし、会社によっては正規の社員と同じ所定労働時間働く労働者をパートタイマー等と呼称していることもあります。

本稿では、一企業におけるフルタイム正規社員の所定労働時間よりも少ない時間で働く労働者を、パートタイム労働者と扱います。パートタイム・有期雇用労働法の適用対象となるパートタイム労働者も、同一事業所に雇用される通常の労働者(いわゆる正社員)と比べ、1週間の所定労働時間が短い労働者とされています(第2条第1項)。

---

i 「短時間労働者及び有期雇用労働者の雇用管理の改善等に関する法律」

146

## 2 ┃ パートタイム労働者に適用される労働関連の法律

　パートタイム労働者も労働者である以上、労働契約法、労働基準法、最低賃金法、雇用機会均等法、労働安全衛生法、賃金の支払の確保等に関する法律、労災保険法、育児介護休業法、労働組合法等の適用を受けます。なお、労働基準法には、有給休暇についてパートタイム労働者に対する特別の扱いが規定されています[ii]。また、パートタイム労働者の労働契約は期間の定めのあることが多く、その場合は労働契約法等の有期労働契約に関する規制の対象となります。

　雇用保険については、パートタイム労働者でも、週の所定労働時間が20時間以上であり、31日以上引き続き雇用されると見込まれる者は被保険者となります。社会保険（健康保険・厚生年金保険）についても、一定の条件を満たす者[iii]は被保険者となります。

　上記の一般的な労働法のほかパートタイム・有期雇用労働法が制定されており、同法にはパートタイム労働者の雇用管理改善のための事業主の責務等が定められています。

## 3 ┃ パートタイム・有期雇用労働法が定める事業主の主な責務

### (1)　就業規則の作成手続

　事業主は、パートタイム労働者に関する就業規則の作成・変更の際、当該事業所で雇用するパートタイム労働者の過半数を代表すると認められる者の意見を聴くよう努めなければなりません（第7条）。

---

ii　所定労働日数が通常の労働者より少ない労働者に対して年次有給休暇日数が比例付与される旨の規定（労働基準法39条3項）。

iii　パートタイム労働者も、1週間の所定労働時間及び1か月の所定労働日数が同じ事業所で同様の業務に従事している一般社員の4分の3以上である場合、または、所定労働時間や日数が4分の3以上でなくても一定の要件を満たす場合には、被保険者となります。この一定の要件とは、①週所定労働時間20時間以上、②所定内賃金月額8.8万円以上、③2か月を超える雇用見込み、④学生ではない、⑤従業員101人以上の企業で働くであり、全てを満たす人が被保険者となります。なお、2024年10月から⑤が従業員51人以上の企業で働く、に変更され適用が拡大されることになっています。

## ⑵ 労働条件の文書による明示・説明義務

ア　事業主は雇入れ時（契約更新時も含みます。）、労働基準法上の文書交付義務に加え、「昇給の有無」「退職手当の有無」「賞与の有無」「相談窓口」について、文書の交付等による明示をしなければなりません（第6条）[iv]。

イ　事業主は、雇入れ時や契約変更時に講ずる雇用管理の改善措置の内容（賃金制度の内容等）を説明しなければなりません（第14条第1項）。

ウ　事業主は、パートタイム労働者から求めがあった場合に、待遇の相違の内容・理由、待遇の決定に当たって考慮した事項を説明しなければなりません（第14条第2項）。

エ　パートタイム労働者からの相談に対応するための体制を整備しなければなりません（第16条）。

## ⑶ 均等・均衡待遇の確保の促進[v]

ア　基本給、賞与その他の全ての待遇について、正社員の待遇との間に、職務の内容、人材活用の仕組み、その他の事情のうち、待遇の性質・目的に照らして適切と認められるものを考慮して、不合理と認められる相違を設けることは禁止されています（第8条）。

イ　正社員と同視すべきパートタイム労働者について、基本給・賞与その他の全ての待遇を差別的に取扱うことが禁止されています（第9条）。

ウ　賃金や教育訓練は、パートタイム労働者の職務の内容、成果、意欲、能力、経験などを勘案して決定・実施するよう努めなければなりません（第10条、第11条第2項）。

エ　福利厚生施設（給食施設、休憩室、更衣室）の利用の機会をパートタ

---

[iv]　労基則等の改正により、2024年4月から、労働条件明示事項が追加されます（全ての労働者について、新たに就業場所・業務の変更の範囲を明示することになります。）。そして、パートタイム労働者が有期労働者である場合には、更新上限の有無と内容の明示、無期転換申込機会の明示、無期転換後の労働条件の明示が必要となります（改正労基則5条1項1号の2、同5項、同6項等）。

[v]　本章❸で詳しく解説しています。

イム労働者に対しても与えなければなりません（第12条）。

### ⑷　通常の労働者への転換の推進

　正社員の募集を行う場合のパートタイム労働者への周知、新たに正社員を配置する場合の応募の機会の付与、正社員への転換のための試験制度等、正社員への転換を推進するための措置が事業主に義務付けられています（第13条）。

〔加藤　佑子〕

## ◆◆◆ 税務からのアプローチ ||||||||||||||||||||||||||||||||||||||||||

### 【パート主婦は、年間いくらまで働くことができるのか？】

　本稿では、パートタイム労働者である主婦が、年収いくらまで働くと税制上どのような影響があるか考察します。

### 1 ┃ パート主婦の年収の壁「103万円の壁」

　「103万円の壁」という言い方がありますが、これは、主にパートで働いている主婦の年収が103万円以下であれば税金面で優遇されるという意味で使われます。年収が103万円を超えると、主婦本人に所得税が課せられます。さらに、妻の年収が103万円以下ならば、夫は配偶者控除として38万円の所得控除を受けることができ、夫の所得税が軽減されます。

　すなわち、「103万円の壁」とは、自分が所得税を支払わず、同時に、夫が配偶者控除を受けられるギリギリのライン（それ以上働くと手取り収入が逆転する。）を表すものでした。

　しかし、これについてはすでに配偶者特別控除の導入によって、配偶者の給与収入が103万円を超えても、世帯の手取り収入が逆転しない仕組みとなっており、税制上、いわゆる「103万円の壁」は解消しています。

　それでも未だに「103万円の壁」が注目されるのは、企業の配偶者手当制度等の支給基準に援用されている（すなわち妻の収入が103万円を超えると夫の手当を制限する給与制度を導入している会社が多数ある。）という点と、未だに心理的な壁として103万円が作用していることが指摘されています（平成29年税制改正大綱　平成28年12月8日）。

### 2 ┃ 2018年からは「150万円の壁」になる

　2018年1月から、配偶者特別控除の制度が変わりました。これは「103万円の壁」のような就業調整を解消し日本経済の成長に資するとして平成29

年度税制改正で変更されたものです。

　具体的には、配偶者控除の年収要件は変わりませんが（つまり103万円を超えると夫の配偶者控除は非適用）、配偶者特別控除が拡大され、妻の年収が103万円超150万円以下であれば、夫は配偶者特別控除として従前と変わらない38万円の所得控除が受けられるようになりました。

　すなわち、「150万円の壁」とは、自分に少しの所得税がかかるが、夫が配偶者控除と同等の38万円の配偶者特別控除を受けられるギリギリのラインとなったのです。

　しかし、今回の改正で、夫の収入によって配偶者控除の額が変わる仕組みも導入されました。すなわち、夫の合計所得が1000万円超の場合は配偶者控除を受けられなくなりました（所得により段階があり、900万円以下の場合は38万円、900万円超950万円以下の場合は26万円、950万円超1000万円以下の場合は13万円）。

### 3 ┃ 150万円を超えても201万円までは配偶者特別控除で夫の所得税が優遇

　なお、妻の年収が150万円を超えたとしても201万円までは、夫の収入と妻の所得額に応じて段階的に配偶者特別控除が受けられます。

　ただし、配偶者控除と同様に、夫の合計所得金額が1000万円（給与収入のみの場合は年収1220万円）を超える場合には適用されません。

　つまり、扶養に入っている妻の場合、夫の会社の給与手当等の年収制限、「年収150万円」「年収201万円」を意識して働く必要があります。

### 4 ┃ 「150万円の壁」の前に立ちふさがる社会保険制度の「130万円の壁」

　夫の所得税を中心に見てきましたが、妻本人の負担について整理してみましょう。

　まず、妻本人が支払う所得税のボーダーラインは依然として103万円のままです。また妻本人の住民税についても100万円がラインになります。つまり、103万円・100万円を超えれば、その後は所得に応じて所得税・地方

**図表2**

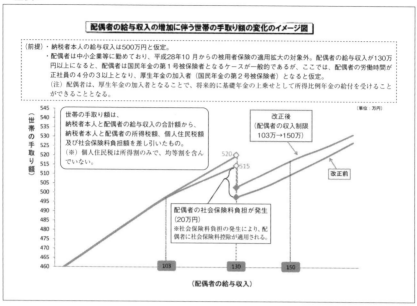

財務省が税制調査会（2017年1月27日）に提出した参考資料「平成29年度税制改正等について」21頁

税を負担する必要があります。

　さらに、健康保険や厚生年金などの社会保険についても、夫の会社の社会保険の扶養に入れるボーダーラインは130万円のまま変わりません。つまり、妻の年収が130万円以上になると、夫の社会保険の扶養から外れることになり、妻本人の勤務先の社会保険に加入できなければ自身で国民健康保険や国民年金に加入し支払う必要が生じます。

　すなわち、「130万円の壁」とは、自分に少しの所得税はかかるが、夫が38万円の配偶者特別控除を受けられ、自らの社会保険の負担も無いギリギリのラインということです。この影響、すなわち社会保険制度による130万円の壁を図解すると図表2のようになります。

　横軸が「配偶者の給与収入」を表します。130万円以上働くと、配偶者の社会保険料負担が発生（20万円）するため、縦軸の「世帯の手取り額」が

社会保険料分だけ減少します。その後、150万円を超えるところまで配偶者の収入を増やさないと世帯の手取り額は増えません。これが「130万円の壁」です。この手取り額の減少の影響が非常に大きいため、今後も130万円の壁を超えて所得を増やすパート主婦が大量に増えることはないと推察されます。

なお、妻のパート先が従業員数501名以上の会社である場合には、下記の条件を満たした場合には、年収106万円相当額から社会保険への加入が必要になります。

(1)　週20時間以上の就労

(2)　月額賃金8.8万円以上（年収106万円以上。残業手当、通勤手当、賞与は含めない。）

(3)　勤務期間1年以上

(4)　従業員 501人以上の企業

(5)　学生は適用除外

この場合には、「106万円の壁」となるため、所得税・住民税が103万円の壁を壊した効果が生まれないと危惧する声も聞かれます。

## 5 まとめ

以上から、パート主婦が年間いくらまで働くことができるのかを考察すると以下の点を考慮して決めることが重要です。

(1)　世帯の手取り額を考えると、130万円を超えるかどうかが大きな分かれ目になること。130万円を超えると、夫の社会保険の扶養者から外れ、妻が社会保険に加入することになり、年間で約20万円の出費となる人が多いこと。

(2)　130万円を超えないのであれば、妻が若干の所得税・地方税を負担することになるが、夫の配偶者控除・特別控除も利用でき、税金上のデメリットは無いこと。

(3)　ただし、夫が勤務する会社の給与規程によっては、103万円を超え

ると削減される手当がある場合には、その金額を考慮して、103万円以上働くかどうか検討すること。

(4)　130万円を超えた場合、一時的に世帯の手取り額が減るが、妻が会社の厚生年金の加入者になれば、将来的に基礎年金の上乗せとして所得比例年金の給付を受けることができること（前掲図表2、前提の注）から、デメリットばかりでは無いこと。

(5)　130万円を超えても、もともと自営業者の妻であれば、国民年金保険料を約18万円負担していることから、新たな負担増は健康保険料部分だけであること。

(6)　130万円を超えても、150万円までは従前の配偶者控除・特別控除と同じ38万円の控除が受けられること。

(7)　150万円を超えても、控除額は順減するが、201万円までは控除があること。

(8)　パートで勤務する会社の従業員数が501名以上の場合には、106万円の壁があること。

　なお、「106万円の壁」「130万円の壁」については、厚生労働省において、キャリアアップ助成金を活用するなどの「年収の壁・支援強化パッケージ」を令和5年10月から実施しています。

## 2 パート社員の有給休暇

2

### 質問

　当社は正社員2名、パート社員1名の零細企業です。先日、新たに採用したパート社員から有給休暇の有無を問われました。恥ずかしながら、今までパート社員が本人の希望どおり有給休暇を取得することはなかったので戸惑いました。遅まきながら、現在の法制度に則った制度を整えたいと考えておりますので、パート社員の有給休暇についてご教授ください。

### 回答

　年次有給休暇は、一定期間勤続した社員に対し、一定の要件の下で付与される有給の休暇です。

　今回は、パート社員の方の有給休暇に関するご質問ですが、パート社員にも、その方の所定労働日数や所定労働時間によっては、有給休暇を付与する必要があります。そして、付与された有給休暇の取得方法等に関しては、いわゆる正社員のような一般の社員の扱いと異なるところはありません。したがって、ご質問の会社で勤務するパート社員にも有給休暇が付与されるのであれば、同社員が取得したい旨を請求した場合は原則として休ませなければなりません。

　以下では、年次有給休暇制度の趣旨、付与日数、取得に関するルール等についてご説明いたします。

●●● 解説 ‖‖‖‖‖‖‖‖‖‖‖‖‖‖‖‖‖‖‖‖‖‖‖‖‖‖‖‖‖‖‖‖‖‖‖‖‖‖‖‖‖‖‖‖‖‖‖‖

### 1 年次有給休暇制度の趣旨

　年次有給休暇は、一定期間勤続した社員に対し、健康で文化的な生活を保障するために付与される休暇のことです。社員は、賃金を減額されることなく有給で休むことができます。

## 2 | 有給休暇の日数について

### ⑴　有給休暇の付与要件

　有給休暇は、①雇い入れの日から6か月を経過していること、②その期間の全労働日の8割以上出勤していること、という2つの要件を充たす社員に付与することになります（労基法39条1項）。

### ⑵　付与すべき日数

　付与すべき日数は、正社員のような一般の社員と、いわゆるパート社員のような所定労働日数が少ない社員とで異なります（労基法39条1項ないし3項）。なお、パート社員等と呼称している社員であっても、週所定労働時間が30時間以上、所定労働日数が週5日以上、又は1年間の所定労働日数が217日以上の社員は、有給休暇の付与日数に関しては一般の社員と同様に扱わなければいけません。

図表3

**ア　一般の社員**

| 雇入日から起算した勤続期間（年） | 0.5 | 1.5 | 2.5 | 3.5 | 4.5 | 5.5 | 6.5以上 |
|---|---|---|---|---|---|---|---|
| 年次有給休暇日数（日） | 10 | 11 | 12 | 14 | 16 | 18 | 20 |

**イ　パート社員等所定労働日数が少ない社員[i]**

| 週所定労働日数（日） | 年所定労働日数（日） | 雇入日から起算した勤続期間（年） | | | | | | |
|---|---|---|---|---|---|---|---|---|
| | | 0.5 | 1.5 | 2.5 | 3.5 | 4.5 | 5.5 | 6.5以上 |
| 4 | 169 ～ 216 | 7 | 8 | 9 | 10 | 12 | 13 | 15 |
| 3 | 121 ～ 168 | 5 | 6 | 6 | 8 | 9 | 10 | 11 |
| 2 | 73 ～ 120 | 3 | 4 | 4 | 5 | 6 | 6 | 7 |
| 1 | 48 ～ 72 | 1 | 2 | 2 | 2 | 3 | 3 | 3 |

※表の見方　例えば、週所定労働日数が4日又は年所定労働日数が169日～216日の場合、雇入日から0.5年経過後に7日付与

---

[i]　週所定労働時間が30時間未満で、かつ、週所定労働日数が4日以下又は1年間の所定労働日数が48日から216日までの従業員。

## ⑶ 繰り越しについて

付与された年度に消化されなかった有給休暇は、年度の終了によって消滅するのではなく、翌年に繰り越されると解されています（昭和22年12月15日基発第501号）。ただし、付与された有給休暇が２年間消化されない場合は、時効によって消滅します（労基法115条）。

## 3 有給休暇の取得について

### ⑴ 社員による時季指定

社員は付与された有給休暇を、具体的な時季（季節・具体的時期）を指定して取得します（労基法39条５項本文）。会社が、社員による時季の指定を休暇日の一定期間前までに行われるよう就業規則などに定めることも、その内容が合理的なものであれば可能です。

なお、会社によっては、社員が急な理由で欠勤した場合にそれを事後的に有給休暇に振り替える扱いを認めているようです。

### ⑵ 会社による時季変更

社員が有給休暇を取得したいと請求した時季に、「事業の正常な運営を妨げる」事由が存在する場合、会社は時季を変更するよう言うことができます（労基法39条５項ただし書）。しかし、「事業の正常な運営を妨げる場合」は厳格に判断されており、「業務運営に不可欠な者からの年休請求であっても、会社が代替要員確保の努力をしないまま直ちに時季変更権を行使することは許され」ません[ii]。

なお、特定の日について複数社員が有給休暇の取得を請求した場合で、その一部の者へ時季変更せざるを得ないときは、会社の合理的な判断に基づき時季変更することができます。

ii　菅野和夫『労働法　第12版』（弘文堂、2019年）567頁

7 パートタイム労働者等

## 4 | その他会社が留意すべき点

### ⑴ 不利益取扱いの禁止

　会社は、有給休暇を取得した社員に対し不利益な取扱いをしないように
しなければなりません（労基法136条）。不利益取扱いとは例えば、賞与額
の算定の際に、有給休暇を取得したことをマイナス要素と扱うことなどで
す。

### ⑵ 有給休暇の買取り

　また、有給休暇を取得前に買い上げて、買い上げた日数の有給休暇を取
得させないようにすることは、年次有給休暇制度の趣旨に反すると解され
ています（昭和30年11月30日基収第4718号）。

　ただし、結果的に消化できなかった有給休暇の日数に応じて、事後的に
会社が社員へ手当を支給することは認められます。

### ⑶ 有給休暇取得促進のための法改正

　2019年4月から、全ての会社等使用者に対して、年5日の年次有給休暇
の確実な取得が義務づけられています。

　すなわち会社は、10日以上の年次有給休暇が付与される社員に対し、5
日について、毎年、時季を指定して与えなければならないことになり、部
分的ではありますが、有給休暇の取得促進が実現すると考えられていま
す。詳しくは本書第6章❶を参照してください。

〔加藤　佑子〕

質問

　同一労働同一賃金といった制度について聞いたことがあります。パートタイム労働者、有期雇用労働者及び派遣労働者について、正社員より不合理な待遇にしたり、差別的取扱いを禁止するということですが、具体的にはどういうことでしょうか。責任感の度合いなど、正社員との間の合理的な相違はあると思うのですが。

回答

　今回は、いわゆる同一労働同一賃金と言われる制度についてのご相談です。

　法改正により、正社員と非正社員との不合理な待遇差の禁止に関しては、基本給、賞与、その他の待遇ごとに判断されることが明確化されました。具体的にどのような場合に待遇差を解消しなければならないかは、正社員と非正社員のどのような待遇の差異が問題となっているか、及び両者間の①職務内容（業務の内容と責任の程度）、②職務内容・配置の変更範囲、③その他の事情の相違によることとなります。

　この点につき、正社員と非正社員との不合理な待遇差に関する具体的な当てはめの指針として、厚労省により「同一労働同一賃金ガイドライン」が示されています。

　同ガイドラインでは、正社員と非正社員との間で、待遇差が存在する場合に、いかなる待遇差が不合理なものであり、いかなる待遇差は不合理なものでないのかが、基本給、賞与、手当、福利厚生等の各事項につき、具体的に示されていますので、実務上の判断の指針になるものと考えられます。また、裁判所による判断もいくつか積み上げられています。

## 1 短時間・有期雇用労働者に関する正規雇用労働者との不合理な待遇差の禁止

パートタイム・有期雇用労働法により、同一の会社内の正社員と非正社員との不合理な待遇の禁止に関し、個々の待遇ごとに、当該待遇の性質・目的に照らして適切と認められる事情を考慮して判断されるべき旨が明確化されました。つまり、正社員と非正社員との待遇差が不合理または差別的かどうかは、賃金の総額等ではなく、基本給、賞与、その他の待遇ごとに判断されるべき旨が法により明示されました。具体的にどのような場合に待遇差を解消しなければならないかは、正社員と非正社員のどのような待遇の差異が問題となっているか、そして両者の①職務内容（業務の内容と責任の程度）、②職務内容・配置の変更範囲、③その他の事情の相違によることとなります（同法8条）。

例えば、賃金については、職務の内容、職務の成果、意欲、能力又は経験その他の就業の実態に関する事項を勘案し、その賃金（通勤手当その他の厚生労働省令で定めるものを除きます。）を決定するように努めることが定められました（同法10条）。

その他に教育訓練や、福利厚生施設の利用等についても個別の定めが設けられています（同法11条、12条）。

## 2 派遣労働者に関する均等・均衡待遇等

派遣元会社は、①派遣先の労働者との均等・均衡待遇、②一定の要件（同種業務の一般の労働者の平均的な賃金と同等以上の賃金であること等）を満たす労使協定による待遇、のいずれかを確保することが義務付けられています（労働者派遣法30条の3、30条の4）。

①と②のいずれかの選択とされている趣旨は、派遣先の労働者の賃金水準は派遣先ごとに変わる可能性があることや、派遣先の賃金水準と職務の

難易度が常に整合的とはいえないため（賃金水準は大企業であれば高く小規模の企業になるほど低くなる傾向）、①だけでは、結果として派遣労働者の段階的・体系的なキャリアアップ支援と不整合な事態を招くことがあり得るからとされています。[i]

## 3 ガイドラインの整備

　正社員と非正社員との不合理な待遇差に関する具体的な当てはめの指針として、厚労省により、「同一労働・同一賃金ガイドライン」が示されています。[ii]

　同ガイドラインでは、正社員と非正社員との間で、待遇差が存在する場合に、いかなる待遇差が不合理なものであり、いかなる待遇差は不合理なものでないのかが、基本給、賞与、手当、福利厚生、その他の事項につき、具体的に示されています。

　例えば、①基本給では、問題のある場合として、労働者の能力又は経験に応じて基本給を支給している会社において、ある正社員がある非正社員に比べて多くの経験を有することを理由として、基本給を高く支給されているが、その正社員のこれまでの経験は現在の業務に関連性を持たない場合が例として挙げられています。

　また、②賞与では、問題のある場合として、会社の業績等への労働者の貢献に応じて支給している会社において、正社員と同一の会社の業績等への貢献がある非正社員に賞与を支給していない場合が例として挙げられています。

　③手当については、問題のある場合として、例えば、役職の内容に対して役職手当を支給している会社において、ある正社員の役職と同一の役職名であって同一の内容の役職に就く非正社員に、その正社員に比べ役職手

7
パートタイム労働者等

---

i　厚労省「雇用形態に関わらない公正な待遇の確保」
ii　厚労省「同一労働同一賃金ガイドライン」（短時間・有期雇用労働者及び派遣労働者に対する不合理な待遇の禁止等に関する指針）

当を低く支給している場合が挙げられています。

　実務上は、原則として、「同一賃金同一労働ガイドライン」が判断の指針となるものと考えられます。

## 4 ┃ 待遇差の合理性・不合理性

　一般論としては、基本給については、正社員と非正社員に待遇差があったとしても、職務内容や責任の違いから、待遇差が合理的であると判断されやすいと思われます。他方、賞与や手当については、その趣旨によっては、正社員と非正社員の間の待遇差を合理的に説明することが難しいものがあります。例えば、ある会社において、皆勤手当という皆勤を奨励する趣旨の手当があった場合、業務内容が同一の正社員と非正社員に対し皆勤手当の支給の有無に待遇差を設けることは不合理と思われます（最判平成30年6月1日民集第72巻2号88頁（ハマキョウレックス事件）、ガイドライン第3・3⑷参照）。同様に、夏季冬季休暇や有給の病気休暇についても、正社員と非正社員の間の待遇差を合理的に説明することが難しいものがあります（最判令和2年10月15日集民第264号191頁）（日本郵便事件）。

〔渡邉　宏毅〕

# 第 **8** 章

# 派遣・請負・委任

会社で業務に従事している者の中には、会社と労働契約以外の契約（例えば、労働者派遣契約、請負契約、委任契約）を締結している者も存在します。

中でも、請負契約や委任契約は、労働契約を潜脱する手段としても用いられ、いわゆる「偽装請負」として問題となるケースもあります。

本章では、どのような場合に、労働者派遣契約、請負契約、委任契約を締結すべきかについてご説明します。

# 1 他社従業員に自社でシステム開発業務に従事してもらう際の契約形態

## 質問

当社は、ソフトウェア開発を業としている会社です。少し特殊な分野のシステム開発の受注を受けるに当たり、その分野に詳しいエンジニアに同業他社から応援に来てもらうことになりました。その際、労働者派遣契約による方がよいのか、請負契約・業務委託契約による方がよいのか、あるいは出向契約を締結するのがよいのかわからなくなりました。それぞれの相違点の整理をお願いいたします。

## 回答

本件は、あるソフトウェア開発を業としている会社から、システム開発に関し、同業他社の従業員に応援に来てもらうに当たり、どのような契約を締結すればよいかについてのご相談です。

会社が、システム開発に関し、同業他社の従業員を自社で業務に従事させたい場合、同業他社とどのような契約を締結すべきかは、当該従業員の個別具体的な勤務状況から判断されます。

当該従業員が、応援に行った先の会社から業務遂行等の指示を受けて業務に従事しているような場合は、労働者派遣契約を締結することが適当と考えられます。

一方、当該従業員が、応援に行った先の会社ではなく自らが所属する会社から業務遂行等の指示を受けて業務に従事しているような場合は、請負契約・業務委託契約による方法をとることができます。

---

## ●●● 解説

### 1 契約形態は従業員の業務の遂行状況から実質的に判断

本件のようなシステム開発の現場では、ある会社において、同業他社の従業員が業務に従事するケースが多く見受けられます。

このような場合、同業他社の従業員に応援に来てもらうに当たり、その同業他社との間でどのような契約を締結すべきかが問題となるところ、これは、当該従業員の業務の遂行状況から実質的に判断されます。

例えば、同業他社との間で、「請負契約」や「業務委託契約」といった名称の契約書を形式的に取り交わしたとしても、その実態が、同業他社からの労働者派遣である場合は、その契約は労働者派遣契約であると判断されます。

## 2 労働者派遣と請負・業務委託契約との相違

それでは、同業他社の従業員にシステム開発の応援に来てもらう場合について、契約の実態が労働者派遣契約であるか、又は請負契約・業務委託契約であるかをどのように判断すればよいのでしょうか。

この点につき、厚生労働省が公表している基準[i]によると、本会社と契約する同業他社が、当該従業員の業務の遂行、労働時間等、企業における秩序の維持、確保等に関する指示やその他の管理を自らが行い、及び請け負った業務を自己の業務として当該契約の相手方から独立して処理するものである場合に、初めて請負契約となります。

これを本件に当てはめますと、本会社が、応援に来てもらう当該従業員に対し、業務の遂行や労働時間等の指示を出し、また、当該従業員が応援で行う業務を本会社の業務として行う場合には、本会社は同業他社と労働者派遣契約を締結すべきと考えられます。

もし、本会社が、同業他社と請負契約や業務委託契約を締結して同業他社の従業員に応援に来てもらったにもかかわらず、当該従業員に業務の遂行の指示等をする場合は、労働者派遣事業の適正な運営の確保及び派遣労働者の保護等に関する法律（以下「労働者派遣法」といいます。）違反の行為（いわゆる「偽装請負」）となる可能性があります。

つまり本会社は、本来なら行政庁より登録の許可を受けた事業者から労働者の派遣を受けなければならない等の労働者派遣法の規制を遵守すべきところ、請負契約や業務委託契約を結ぶことにより労働者派遣法の規制を潜脱しているからです。

---

i　厚生労働省「労働者派遣事業と請負により行われる事業との区分に関する基準」（平成24年厚生労働省告示第518号）

一方、本会社が応援に来てもらう当該従業員に対し、業務の遂行や労働時間等の指示を出さず、当該従業員が同業他社の業務として業務を処理するようにすれば、請負や業務委託契約を締結することも可能です。

## 3 労働者派遣と出向契約との相違

　次に、本ケースにおいて、本会社が当該従業員に対し、システム開発業務の遂行に関する指示を出す場合、労働者派遣契約ではなく、在籍型の出向契約（出向元とも出向先とも雇用関係がある形態）とすることができるでしょうか。

　在籍型出向は、出向元だけではなく出向先事業主との間においても雇用契約関係があるため労働者派遣には該当しないとされていますが、在籍型出向が「業として行われる」場合には、法で禁止される労働者供給事業に該当すると考えられます（職業安定法44条）。

　そこで、どのような場合に、在籍型出向とすることが可能かどうかが問題となりますが、①労働者を離職させるのではなく、関係会社において雇用機会を確保する、②経営指導、技術指導の実施、③職業能力開発の一環として行う、④企業グループ内の人事交流の一環として行う、等の目的を有しているものについては、出向が行為として形式的に繰り返し行われたとしても、社会通念上、「業として行われる」と判断される可能性は少ないとされています[ii]。

　本ケースでは、本会社に同業他社の従業員がシステム開発の応援で来ることは、上記①〜④のいずれにも当たりません。

　したがって、本ケースで出向契約を締結しますと、法律で禁止された違法な労働者供給（いわゆる「偽装出向」）となる可能性が大きいと考えられます。

〔渡邉　宏毅〕

---

ii　厚生労働省「労働者派遣と在籍型出向との差異」

# 2 請負契約と労働契約（ガスの検針業務）

## 質問

　当社はLPガスの販売を行っており、20名ほどの検針員にお客様のLPガス使用量を毎月検針・把握してもらっております。当社と検針員との契約は請負契約になっており、各検針員へ割り振った検針先を第三者に再委託して検針すること、また、検針員の間で融通することも可能です。先般、一部の検針員から待遇改善のため労働組合法に基づく団体交渉をしたいと言われました。請負契約なのに労働法が適用されることはあり得るのでしょうか。

## 回答

　本質問のように請負契約や業務委託契約を締結している検針員に対しても労働法が適用されることはあり得ます。

　会社の業務等を遂行する個人に労働法（労働契約法、労働基準法、労働組合法等）が適用されるか否かは、会社と個人とが取り交わした契約の文言ではなく、その個人の業務実態が労働法の解釈に照らし「労働者」と評価されるか否かによって決まります。したがって、本質問のように、検針員と請負契約を締結している場合でも、個別具体的な事情に照らして労働法の適用可否が判断されることになるのです。

　本質問では、検針員が労働組合法上の労働者に当たるかが問題となっていますので、以下では、まず、労働法の主要な法律である労働契約法・労働基準法上の労働者概念について、次に、労働組合法上の労働者概念についてご説明いたします。

**8**

派遣・請負・委任

## ●●● 解説 ‖‖‖‖‖‖‖‖‖‖‖‖‖‖‖‖‖‖‖‖‖‖‖‖‖‖‖‖‖‖‖‖‖‖‖‖‖‖‖‖‖‖‖‖‖‖‖‖‖

### 1 はじめに

　本質問の会社では、検針員との間で請負契約を締結されているとのことですが、たとえ契約の文言が請負契約（又は業務委託契約など）であったとしても、当該検針員の業務実態が、労働法の解釈に照らし「労働者」と評価される場合には労働法が適用されることになります。

なお、労働法と一言でいいましても、その中には労働契約法、労働基準法、労働安全衛生法、いわゆる男女雇用機会均等法、最低賃金法、労働組合法、雇用保険法など様々な法律が含まれています。ここでは、最も主要な法律である労働契約法・労働基準法と、本質問で問題となっている労働組合法が適用される労働者についてご説明いたします。

<h2>2 労働契約法・労働基準法上の労働者について</h2>

　労働契約法と労働基準法はそれぞれ労働者の定義を定めていますが（労契法2条1項、労基法9条）、いずれも基本的に同一の定義と解されています[i]。すなわち、労働契約法及び労働基準法が適用される労働者とは、使用者等に使用されて労働し賃金を支払われる者のことで、「使用され」とは、使用者等の具体的な指揮命令下におかれていることを指します。

　具体的に、労働者性を判断する主要な要素としては、①仕事の依頼への諾否の自由、②業務遂行上の指揮監督、③時間的・場所的拘束性、④代替性、⑤報酬の算定・支払方法が挙げられ、補強する要素として⑥機械・器具の負担、報酬の額等に現れた事業者性、⑦専属性などが挙げられます[ii]。会社がある個人（本質問では検針員）を個人事業主と扱い請負契約を締結している場合であっても、これらの判断要素を実態に即して総合考慮して、個人事業主なのか労働者なのかを判断することになります。

　過去に裁判で労働者性が問題となった事案は多く、労働者性を否定した事案も肯定した事案も存在しています。例えば、自己が所有するトラックを使ってある会社の運送業務に従事していた者について、会社から運送業務に必要な指示を受けていたものの、指揮監督までは至っておらず、時間的・場所的拘束性も会社の従業員と比較してはるかに緩やかで、報酬も出来高払いであり事業所得扱いであったことなどから、労働者性は否定され

---

i　菅野和夫『労働法　第12版』（弘文堂、2019年）177頁

ii　昭和60年12月労働基準法研究会報告「労働基準法の『労働者』の判断基準について」

ました[iii]。

## 3 労働組合法上の労働者について

　近年、個人事業主等として労務を提供する個人が増えており、そういった労務供給者が労働組合を結成して会社に団体交渉を求める例が増加しているようです。労組法上、労働者とは「職業の種類を問わず、賃金、給料その他これに準ずる収入によって生活する者」（3条）とされており、こうした労務供給者が労働組合法上の労働者に該当するか否かは、団体交渉[iv]の保護を及ぼすことが必要かつ適切であるかによって判断されることになります。なお、労働組合法上の労働者は、労働契約法・労働基準法上の労働者を包摂する概念と解されています。

　労働組合法上の労働者性を判断する具体的な方法としては、「事業組織への組込み、契約内容の一方的・定型的決定、報酬の労務対価性という団交親和性を中心的要素として吟味した上で、仕事依頼への諾否の自由や指揮監督・時間的場所的拘束の有無・程度による使用従属性をも補足的に吟味して、労働者性を肯定できそうな事情がどれほどあるかをみたうえ、労働者性を否定させるような顕著な事業者性を認めるべき事情の有無・程度をもみて、総合的な判断をするというのが、周到な方法」[v]と言えます。

　労働契約法・労働基準法上の労働者性と同じように、労働組合法上の労働者性が争われた裁判例も過去に多く存在しています。例えば、住宅設備機器のエンドユーザー等からの依頼による修理補修等を業とする会社と、業務委託契約を締結して修理補修等の業務に従事する者について、会社

8

派遣・請負・委任

---

iii　最判平成8年11月28日労判714号14頁。この事案では、労災保険法上の労働者性が問題となっていますが、労災保険法と労働基準法上の労働者概念は同一であると解されています。

iv　団体交渉とは、「労働者の集団または労働組合が代表者を通じて使用者または使用者団体の代表者と労働者の待遇または労使関係上のルールについて合意を達成することを主たる目的として交渉を行うこと」と解されています（前掲注 i 881頁）。

v　前掲注 i 834頁

の事業遂行に不可欠な労働力として組織に組み入れられ、業務委託契約内容は一方的に会社が決定しており、報酬は修理補修の対象・内容や要した時間によって支払われていて労務対価性が認められ、使用従属性も肯定されることなどから、労働組合法上の労働者に当たると判断されました[vi]。

　また、最近では、東京都労働委員会が、プラットフォームワーカーである配達パートナーについて、そのプラットフォームを提供等している会社との関係で労組法上の労働者に当たると判断しています[vii]。

## 4 ┃ 本質問における検針員について

　本質問では労働組合法上の労働者性が問題となっています。

　検針員の業務は、本質問の会社の事業遂行に不可欠なものであり、詳細は明らかでありませんが、恐らく請負契約の内容は会社が決定しており、検針員が受ける報酬の労務対価性も認められ得ると考えます。これらに加え、仮に、会社が検針員を管理している事情（評価制度や研修制度を設ける、業務地域や業務日を割り振るなど）や、会社名が記載された制服の着用や身分証の携行を義務付けているとの事情が存在する場合[viii]には、当該検針員に団体交渉の保護を及ぼすことが必要かつ適切と考えられ、労働組合法上の労働者性は肯定され得ると言えます。

〔加藤　佑子〕

---

vi　最判平成23年4月12日労判1026号27頁

vii　東京都労委令和4年11月25日（Uber Japan事件）

viii　平成23年7月労使関係法研究会報告書「労働組合法上の労働者性の判断基準について」参照。

## ◆◆◆ 税務からのアプローチ ‖‖‖‖‖‖‖‖‖‖‖‖‖‖‖‖‖‖‖‖‖

【税法における請負契約と雇用契約について】

## 1 │ 請負契約と雇用契約の区分

　顧問先の支払う経費が請負契約や委任契約による外注費か雇用契約による給与かが、税務調査で問題となることが少なくありません。それは、大工や左官屋、電気通信工事業者、しゅんせつ工事業者、キャバレーのホステス、職業ドライバー、漁業従事者、廃棄物処理業者、医師、弁護士、最近ではフリーランスといった広範囲の方々への支払が対象となるからです。

　経費の支払が請負契約等で外注費となれば、消費税については課税取引となり、原稿料など源泉徴収を要する特定の外注費を除いて源泉徴収は不要です。しかし、給与所得となれば、消費税については課税対象外取引となり、給与所得の源泉徴収をすることになります。支払を受けた側でも事業所得であれば、収入から必要経費を控除する形で所得を計算し所得税の確定申告を要しますが、給与所得では特定支出控除を適用する場合を除いて必要経費の控除はできず、年末調整で所得計算が完了するならば確定申告も不要です。この結果、当初外注費として経理処理していたのに給与とすべきだとなった場合、外注費として処理していた部分に係る仕入税額控除ができないことになり、消費税の過少申告となり、さらに給与所得にかかる源泉徴収をしていなかったという結果となります。税務調査において否認を受けると、過少申告加算税や延滞税などの追加負担も発生します。

## 2 │ 法令等における解釈

まず、本論点に該当する通達を見ていきます。

〈消費税法基本通達1−1−1（個人事業者と給与所得者の区分）〉

事業者とは自己の計算において独立して事業を行う者をいうから、個人

が雇用契約又はこれに準ずる契約に基づき他の者に従属し、かつ、当該他の者の計算により行われる事業に役務を提供する場合は、事業に該当しないのであるから留意する。したがって、出来高払の給与を対価とする役務の提供は事業に該当せず、また、請負による報酬を対価とする役務の提供は事業に該当するが、支払を受けた役務の提供の対価が出来高払の給与であるか請負による報酬であるかの区分については、雇用契約又はこれに準ずる契約に基づく対価であるかどうかによるのであるから留意する。この場合において、その区分が明らかでないときは、例えば、次の事項を総合勘案して判定するものとする。

(1)その契約に係る役務の提供の内容が他人の代替を容れるかどうか。

(2)役務の提供に当たり事業者の指揮監督を受けるかどうか。

(3)まだ引渡しを了しない完成品が不可抗力のため滅失した場合等においても、当該個人が権利として既に提供した役務に係る報酬の請求をなすことができるかどうか。

(4)役務の提供に係る材料又は用具等を供与されているかどうか。

　国税不服審判所では、多くの裁決事例において本通達の趣旨に沿った裁決がなされています（平成12年2月29日決裁、平成30年1月11日決裁など）。そして、平成25年4月26日の東京地裁（平成22（行ウ）308）判決では、最高裁昭和56年判決（最高裁昭和56年4月24日第二小法廷判決・民集35巻3号672頁参照）を引用し、下記のように判示しています（筆者抜粋）。「……同判決は、労務の提供等から生ずる所得の給与所得該当性について、①そのような所得のうち「自己の計算と危険において独立して営まれ、営利性、有償性を有し、かつ反覆継続して遂行する意思と社会的地位とが客観的に認められる業務から生ずる所得」を給与所得の範ちゅうから外した上で（これにより、労務の提供等が自己の計算と危険によらないものであること〔労務の提供等の非独立性〕が、給与所得該当性の判断要素として位置付けられることとなる。）、②労務の提供等から生ずる所得が「雇傭契約又はこれに類する原因に基づき使用者の指揮命令に服して提供した労

務の対価として使用者から受ける給付」に当てはまるか否かを、当該労務の提供等の具体的態様に応じ、とりわけ「給与支給者との関係において何らかの空間的、時間的な拘束を受け、継続的ないし断続的に労務又は役務の提供があり、その対価として支給されるものであるかどうか」を重視して判断するという枠組みを提示したものであるが、同判決も明示しているとおり、そこに示されているのは、飽くまでも<u>判断の一応の基準</u>（傍線筆者）にとどまるものであって、業務の遂行ないし労務の提供から生ずる所得が給与所得に該当するための必要要件を示したものではない。」

すなわち、判例においても「判断の一応の基準」を示しているだけで、各事案に応じた総合勘案が求められているものといえます。

## 3 判定のポイント

本論点については多くの判例や裁決例がありますが、各事実関係次第で判断の分かれることもあり得ます。以下では、「判断の一応の基準」と考えられるポイントを挙げましたので、ご参考になさってください（東京国税局法人課税課速報（源泉所得税関係）給与所得及び事業所得の判定検討表より筆者が整理の上再作成）。

| | | 判　定　項　目 |
|---|---|---|
| 実務上の判定 | ① | 当該契約の内容が他人の代替を容れるか |
| | ② | 仕事の遂行に当たり個々の作業について指揮監督を受けるか |
| | ③ | まだ引渡しを終わっていない完成品が不可抗力のため滅失した場合等において、その者が権利として報酬の請求をなすことができるか |
| | ④ | 材料が提供されているか |
| | ⑤ | 作業用具が供与されているか |
| 判例による判定 | ⑥ | 雇用契約又はこれに準ずる契約等に基づいているか |
| | ⑦ | 使用者の指揮命令に服して提供した役務か |
| | ⑧ | 使用者との関係において何らかの空間的、時間的な拘束を受けているか |
| | ⑨ | 継続的ないし断続的に労務の又は役務の提供があるか |
| | ⑩ | 自己の計算と危険において、独立して営まれているか |
| | ⑪ | 営利性、有償性を有しているか |
| | ⑫ | 反復継続して遂行する意思があるか |
| | ⑬ | 社会的地位が客観的に認められる業務か |
| その他の判定 | ⑭ | 通勤手当の支給を受けているか |
| | ⑮ | 支払者からユニフォーム、制服等が支給（貸与）されているか |
| | ⑯ | 支払を受ける者の提供する労務が許認可を要する業務の場合、本人は資格を有しているか |
| | ⑰ | 報酬について値引き、値上げ等の判断を行うことができるか |
| | ⑱ | その対価に係る請求書等の作成がされているか |
| | | その他多くの項目が例示されている |

　また、上記ポイントのうち税務調査において問題となりそうな実務上の判定について、簡単な事例をご紹介します。

　①　請負人が急病などで作業を行えない場合に自己の責任において他の者を手配して、当該他の者が行った役務の提供に係る報酬が依頼者から請負人に支払われたときには、他人が代替して業務の遂行等が認められることとなります。

　②　報酬支払者（現場監督等）から作業の具体的内容や方法が提示され

ている場合には、指揮監督を受けていることになります。また、労務を提供する上でその危険と計算を誰が負っているかも判断の基準となります。

③　完成品の引渡し前に台風等の自然災害などの不可抗力で損壊した場合、請負契約であれば完成品を報酬支払者に引き渡して初めて契約が完了すると考えられるため、請負契約の場合は請求できません。

④　手持ちの道具以外は報酬支払者が所有する用具を使用し、材料・用具等を支払者から提供されている場合は、無償で供与されている場合に該当し雇用契約になると考えられます。

## 4 ┃ まとめ

　税務調査の場面では、上記各項目を機械的判定するのではなく、事案に応じて詳細かつ具体的な事実を把握、収集し、総合的に勘案して外注費か給与かが判定されますので、少なくとも各判定基準をできるだけクリアできる準備が必要と考えられます。具体的には、上記実務上の判定内容を盛り込んだ業務委託契約書を作成し、外注先にも通常の取引先と同様の支払方法を行い、外注先からの請求書の受領とそれに対する領収書の発行を行い、収支内訳書等を作成し事業所得の申告を外注先に行ってもらう、等々の社内の統制を加味した整備と運用が考えられます。

第 **9** 章

# 外国人労働者

　最近、外国人雇用の重要性が増していますが、外国人労働者を不法に働かせていたとして報道されるケースも散見されています。

　本章では、外国人雇用に関わる法律上の注意点について、2019年の入管法改正にも簡単に触れつつご説明します。

# 外国人の雇用

**質問**

　当社は、日用雑貨の販売を多店舗展開しております。最近のインバウンド・ブームに対応すべく、アジア圏の外国人を雇うことが決まりました。後々のトラブルを回避するための注意点や法規制があれば教えてください。

**回答**

　会社が外国人の方を雇い入れる際には、まず、その方が日本国内での就労を認められているか否か、どのような就労活動が認められているのかを在留カード等から確認しなければなりません。会社が、この確認を怠り不法に外国人を就労させた場合には、不法就労助長罪に問われる可能性があります。

　また、日本で就労する外国人の方へも日本の労働関係法令や社会保険関係法令が適用されますので、会社は外国人の雇用管理においても、こうした法令を遵守しなければなりません。上記に加え、外国人を雇用する会社には、日本の雇用慣行等に不慣れな外国人に対して、厚生労働大臣が定めた指針に従い、雇用管理上の配慮や措置を行うことが求められます。

　以下では、会社が外国人を雇用する際に取るべき基本的な手続や措置等についてご説明するとともに、2019年4月の出入国管理及び難民認定法の改正によって創設された「特定技能」についても触れたいと思います。

## ●●● 解説

### 1 外国人の在留資格・資格外活動許可

　日本に在留する外国人は、出入国管理及び難民認定法（以下「入管法」）に定められた在留資格をもって在留することとされています。入管法に定められた在留資格は、就労や留学など日本で行う活動に応じて許可されるものですので、日本に在留する外国人が行うことができる活動は、それぞれの在留資格に応じて定められています。

　日本に在留する外国人が、許可された在留資格に応じた活動以外に、収入を伴う事業を運営する活動又は報酬を受ける活動を行おうとする場合には、あらかじめ資格外活動の許可を受けていなければなりません（入管法19条）。

### 2 外国人を雇入れる際に必要な手続等

#### (1) 就労可能であることの確認

　上記のとおり、外国人は、入管法に基づき与えられた在留資格・在留期間の範囲内で、日本国内において就労することができます。したがって、会社が外国人を雇い入れる際には、在留カードの有無、及び就労させようとする仕事の内容が在留資格や在留期間の範囲内であるか否かを確認する必要があります。

　ア　在留カードの有無の確認

　日本に中長期滞在する外国人（※1）には在留カードが交付されています（入管法19条の3）。特別永住者の方を除き、このカードを持っていない場合は、原則として就労することができませんので、外国人の方を雇入れる際には、まず、その方が在留カードを持っているか否かを確認してください（※2）。

※1　在留カードの交付対象となる中長期滞在する外国人とは、以下のいずれにも当てはまらない人です。
　　①　「3月」以下の在留期間が決定された人
　　②　「外交」又は「公用」の在留資格が決定された人
　　③　特別永住者（「特別永住者証明書」が発行されます。）
　　④　「短期滞在」の在留資格が決定された人
　　⑤　「特定活動」の在留資格が決定された、台湾日本関係協会の本邦の事務所（台北駐日経済文化代表処等）若しくは駐日パレスチナ総代表部の職員又はその家族の方
　　⑥　在留資格を有しない人
※2　在留カードを持っていない方については旅券や資格外活動許可書等の記載から就労が認められているかどうかを確認することになります。

イ　在留カードの「在留資格」の確認

まず、在留カードに記載された在留資格を確認します。

入管法に定められた在留資格は、就労の可否に着目して分類すると次の3種類に分けられます。

（ア）　職種、業種を問わず就労可能な在留資格

　「永住者」、「日本人の配偶者等」、「永住者の配偶者等」、「定住者」

（イ）　一定の範囲内の職種、業種、勤務内容に限り就労可能な在留資格

　「教授」、「芸術」、「宗教」、「報道」、「高度専門職1号・2号」、「経営・管理」、「法律・会計業務」、「医療」、「研究」、「教育」、「技術・人文知識・国際業務」、「企業内転勤」、「介護」、「興行」、「技能」、「特定技能1号・2号」、「技能実習1号・2号・3号」、「特定活動」[i]

（ウ）　原則として就労が認められない在留資格

---

i　特定活動の例としては、ワーキング・ホリデー、経済連携協定に基づく外国人看護師・介護福祉士候補者等。

「文化活動」、「短期滞在」、「留学」、「研修」、「家族滞在」

　なお、上記（イ）の中の「特定技能1号・2号」は、2019年4月の入管法改正により新設された在留資格です。このうち、特定技能1号は、特定産業分野ⁱⁱに属する相当程度の知識又は経験を要する技能を要する業務に従事する外国人向けの在留資格です。特定技能2号ⁱⁱⁱは、特定産業分野に属する熟練した技能を要する業務に従事する外国人向けの在留資格です。この在留資格が創設されたことによって、日本国内で人手不足が問題となっている特定の産業分野では、一定の専門性や技能を有する外国人を受け入れることが可能となりました。


　ウ　在留カードの「在留期間」、「就労制限の有無」の確認

　在留カードに記載された在留期間、就労制限の有無を確認します。

　「在留期間」の満了日が経過している方は、更新手続中でない限り不法滞在となりますので、就労することはできません。

　「就労制限の有無」には、①「就労制限なし」、②「在留資格に基づく就労活動のみ可」、③「指定書により指定された就労活動のみ可」、または、④「就労不可」と記載されています。

　このうち③と記載されている場合は、法務大臣が個々に指定した活動等の記載された「指定書」を当該外国人から提示してもらい、就労させようとする仕事の内容が指定された活動の範囲内かよく確認してください。


　エ　在留カードの「資格外活動許可欄」の確認

　資格外活動の許可を受けている場合、在留資格に応じた活動以外に、就労活動を行うことができます。したがって、就労制限の有無欄に「就労

**9**

**外国人労働者**

---

ⅱ　特定産業分野とは、①介護、②ビルクリーニング、③素形材・産業機械・電気電子情報関連製造業、④建設分野、⑤造船・舶用工業、⑥自動車整備、⑦航空、⑧宿泊、⑨農業、⑩漁業、⑪飲食料品製造業、⑫外食業の12分野が定められています。

ⅲ　特定技能2号では、上記特定技能1号の特定産業分野の下線部（②～⑫）が受け入れ可能です。

不可」と記載されている方（例えば、在留資格が「留学」「家族滞在」等）でも、資格外活動の許可を得て就労できる場合があります。

　資格外活動の許可の有無や内容は、「資格外活動許可書」又は「旅券の資格外活動許可証印」などにより確認してください。

### ⑵　外国人を不法に就労させた場合の罰則

　在留資格や在留期間の範囲を超えて就労させる等、外国人を不法に就労させた場合には、外国人本人が処罰されるだけでなく、会社も罪に問われます。出入国管理法は不法就労させた会社に対する罰則として３年以下の懲役若しくは300万円以下の罰金を処し又は併科する旨を定めています（第73条の２）。

　会社は、外国人が不法就労であることを知っていた場合はもちろんですが、過失によって不法就労であることを知らなかった場合も、この処罰を免れることができません。

### ⑶　外国人雇用状況の届出

　外国人の方を雇用する会社は、外国人の雇入れ時及び離職時に、その氏名や在留資格等を、所定書式によってハローワークへ届け出ることが義務付けられています[iv]。

## 3 ┃ 外国人雇用における雇用管理上の注意点

### ⑴　法令の適用

　日本で就労する外国人の方にも、労働基準法、最低賃金法、労働安全衛生法等の労働関係法令や、健康保険法や厚生年金保険法等の社会保険関係法令が適用されます。

　したがって、例えば雇入れ時に労働条件通知書を交付することや、労働保険・社会保険の加入手続を取ること等、会社は外国人の雇用管理上も、

---

iv　労働施策の総合的な推進並びに労働者の雇用の安定及び職業生活の充実等に関する法律28条

労働関係法令及び社会保険関係法令を遵守しなければなりません。

## (2) 雇用管理改善等の措置

会社が具体的にどのような措置を取るべきかについては、厚生労働大臣が定める「外国人労働者の雇用管理の改善等に関して事業主が適切に対処するための指針」（以下「指針」）にまとめられており、指針の主な内容として、募集及び採用の適正化、適正な労働条件の確保、安全衛生の確保、労働保険・社会保険の適用等、適切な人事管理・教育訓練・福利厚生等、解雇等の予防及び再就職の援助に関する事項が挙げられます。

指針にも明記されていますが、外国人労働者を雇用する会社は、国籍による差別的扱いを行わないこと、日本語能力が高くない外国人労働者が理解できる方法で就労に必要な事項を説明すること等、雇用管理上、日本人労働者のみを雇用する時とは異なる配慮や措置を行うことが必要となります。

## (3) 雇用労務責任者の選任

指針によれば、外国人労働者を常時10人以上雇用する会社は、外国人労働者の雇用管理に関する責任者として「雇用労務責任者」を選任することとされています。

〔加藤　佑子〕

**9**

外国人労働者

# あとがき

　本書は、弁護士の加藤佑子先生、渡邉宏毅先生とTAX-CPA研究会のコラボレーションで生まれた本です。同時にお二人の事務所の先輩にあたる弁護士の島村謙先生と2016年に送り出した『Q＆A　中小企業経営に役立つ　会社法の実務相談事例』に続く第2弾の本と位置付けることができます。二つの本は、旬刊『速報税理』誌の法律問題のQ＆AのコーナーでTAX-CPA研究会が作成した中小企業の法律に関する質問に弁護士の先生が答えるという形で連載を行い、それを取りまとめた形で書籍化されました。

　2004年に生まれたTAX-CPA研究会の詳細は、前著のあとがきに譲りますが、会社法の改正要綱を機にスタートした公認会計士出身の税理士による勉強会です。会社法を研究している税理士の集まりということで、島村謙先生が『速報税理』誌で連載される会社法務Q＆Aの質問文の作成をTAX-CPA研究会が受け持つという形でご縁が始まりました。会社法の書籍が刊行された時点で、次は労働法制ではないかということで労働法制に詳しい加藤佑子先生、渡邉宏毅先生にも参加していただいて、労務に関するQ＆Aを中心とした連載が続けられてきました。この間、ブラック企業、過労死、セクハラ・パワハラといった問題が世間を騒がし、働き方改革が法制化されて、いよいよ施行の段階に入ってきました。こうして各企業が労働法制について関心を持たざるを得ない企業環境となってきたこのタイミングで単行本化できたのは、連載のテーマを会社法から労働法へとシフトしていくことを提案していただいた島村謙先生とその意を受けて連載に加わっていただいたお二人の先生のおかげです。

　こうしてでき上がった本書は、経営者が会社の運営において労働法に関係しそうな疑問を弁護士に相談して回答してもらうという内容になっていますが、質問文は中小企業をメインの顧客としている公認会計士・税理士

が作成しています。したがって、専門の弁護士の方々が設定する質問より
は、格調高いとはいえないものも含まれているはずです。しかし、それが
実際の中小企業の社長が抱える悩みそのものであり、その生々しい質問
は、本書の読者の日ごろの疑問にも応える内容になっていると自負してお
ります。さらに労働法に関する弁護士による回答に関して、税務や会計的
に関連する話題がある場合には、TAX-CPA研究会のメンバーがコラムの
ように会計・税務の観点からの解説を加えております。この構成も島村謙
先生との前著の形式を受け継いでいますが、弁護士と税理士のコラボレー
ションから生まれた本書の特徴です。そして、2019年の刊行後も労働法の
改正や施行が続きましたので、それを織り込むべく、渡邉先生、加藤先生
が質問・回答を追加し、そのうち一つには税務からのアプローチを加えて
改訂版としてお届けすることになりました。

　少子高齢化のわが国において、従業員の採用はより困難になることが明
白です。労働環境が劣悪であれば、従業員はすぐに退職して、他社に転職
してしまうでしょう。「法律通りにやっていたら、中小企業など潰れてし
まうんだ」といったある種の言い訳は通用しなくなるはずです。中小企業
経営者が労働法制を正しく理解して、実践していくことは喫緊の経営課題
であり、本書がその一助となってくれることを確信しております。

　2024年2月

TAX-CPA研究会　代表

公認会計士・税理士　佐久間　裕幸

◆編著者略歴

**加藤　佑子**（かとう　ゆうこ）

立教大学法学部（在学中1年間英国エセックス大学へ留学、社会学専攻）卒業後、株式会社ベネッセコーポレーションに勤務。同社を退職し、東京大学法科大学院を経て新司法試験合格、2011年に弁護士登録（東京弁護士会・新64期）。
弁護士登録後、川人法律事務所へ入所し、主に過労死・過労自殺・労災事件に携わる。2014年8月、鳥飼総合法律事務所へ転籍。現在は顧問先企業等からの依頼に基づき、様々な法規制に関わる法律業務（相談業務、調査業務、裁判業務等）を扱う。主要取扱分野とする労務分野では、問題発生後の対応のみならず、労務監査を実施する等予防的リーガルサービスも積極的に行っている。

**渡邉　宏毅**（わたなべ　こうき）

京都大学経済学部卒業後、静岡県職員として勤務（2001年〜2005年）。中央大学大学院法務研究科修了（2010年）、司法試験合格を経て、弁護士登録（2011年）（第二東京弁護士会・新64期）、鳥飼総合法律事務所に入所（2011年〜現在）。衆議院法制局へ出向（2012年〜2014年）。
現在は、顧問先企業等からの依頼に基づき、労働法務、会社法務、知的財産法務等を取り扱っている。
また、第二東京弁護士会法と経済学研究会代表幹事（2016年〜現在）として、実務において法と社会科学を結びつけることを目的とした活動を行っている。

**鳥飼総合法律事務所**
　東京都千代田区神田小川町1丁目3番1号　NBF小川町ビルディング6階


**佐久間　裕幸**（さくま　ひろゆき）

1984年慶應義塾大学商学部卒業、1986年慶應義塾大学大学院商学研究科修士課程修了、商学修士。同年公認会計士第二次試験合格、監査法人中央会計事務所（中央監査法人）に入所し、株式公開準備企業の監査等に従事。1990年公認会計士、税理士登録。
監査法人退職後、佐久間税務会計事務所を開設し、父の税理士事務所も引き継ぎ、所長に。中小・中堅企業の会計・税務の業務のほか、成長企業の株式公開準備支援などを実施。日本公認会計士協会IT委員会電子化対応専門委員会専門委員長。
著書に「電子帳簿の実務Q＆A」「Q＆A中小企業の電子取引サポートブック［インボイス対応版］」「国税庁Q＆A対応　中小企業の電子帳簿・取引サポートブック［完全対策版］」（ぎょうせい）、「顧問税理士も知っておきたい相続手続・書類収集の実務マニュアル」（中央経済社）などがある。

■税務からのアプローチ執筆者一覧（五十音順）

| | |
|---|---|
| **浅野昌孝**（公認会計士・税理士）　柳澤・浅野公認会計士事務所<br>　　東京都荒川区西日暮里3丁目6番14号　マンション道灌山508号 | |
| **神田和俊**（公認会計士・税理士）　新橋税理士法人<br>　　東京都港区西新橋1丁目16番4号　ノアックスビル2階 | |
| **佐久間裕幸**（公認会計士・税理士）　佐久間税務会計事務所<br>　　東京都文京区根津1丁目4番6号　SBビル6階 | |
| **橋元秀行**（公認会計士・税理士）　橋元秀行税理士事務所<br>　　東京都清瀬市竹丘1丁目17番26号　コスモ・ザ・パークス清瀬の森612号 | |
| **柳澤宏之**（公認会計士・税理士）　柳澤・浅野公認会計士事務所<br>　　東京都荒川区西日暮里3丁目6番14号　マンション道灌山508号 | |
| **山田美代子**（公認会計士・税理士）　税理士法人　四季会計<br>　　東京都板橋区板橋2丁目66番16号　板橋266ビル4階 | |
| **吉田健太郎**（公認会計士・税理士）　佐久間税務会計事務所<br>　　東京都文京区根津1丁目4番6号　SBビル6階 | |

## TAX-CPA研究会とは

　TAX-CPA研究会は、平成16年に会社法改正要綱が発表された際に、その改正内容を研究する目的で結成された公認会計士・税理士による研究会です。商法から大幅に変わった会社法の知識をきちんと身につけることで、株式会社を規律する会社法を踏まえた助言を顧問先に行っていける税理士であることを目指してメンバーが集まりました。

　研究会では、月に一度のペースで勉強会を開催し、改正要綱を読み込み、会社法が成立してからは、会社法の条文を理解し、会社法施行規則、会社計算規則なども勉強しながら、会社法前後で大きな改正があった会計、監査、税法の研究へと幅を広げながら今日に至っています。

税理士が知っておくべき

## 中小企業のよくある労務トラブル解決事例

令和 6 年 3 月15日　第 1 刷発行

　　編著者　　加　藤　佑　子
　　　　　　　渡　邉　宏　毅
　　　　　　　佐久間　裕　幸

　　発　行　　株式会社 ぎょうせい

　　　　　〒136-8575　東京都江東区新木場 1-18-11
　　　　　URL：https://gyosei.jp

　　　　　フリーコール　0120-953-431

〈検印省略〉　　　　ぎょうせい　お問い合わせ　検索 https://gyosei.jp/inquiry/

印刷　ぎょうせいデジタル㈱　　　　　　　　　　　ⓒ2024 Printed in Japan
※乱丁・落丁本はお取り替えいたします。
　　　　　　　ISBN978-4-324-11387-5
　　　　　　　（5108938-00-000）
　　　　〔略号：中小企業労務トラブル〕